地域で取り組む

高齢者の
フレイル予防

監修＝一般財団法人 医療経済研究・社会保険福祉協会
編著＝辻哲夫・飯島勝矢・服部真治

中央法規

フレイル予防の意義について
～「はじめに」にかえて～

■1 フレイル予防は、今後の国家的大課題

　日本の高齢化は世界の最前線を歩んでいるが、今後正念場を迎える。

　高齢者の高齢化という事象が進むのである。このような大きな変化がみてとりやすいデータとして、年齢別死亡件数の推移を紹介したい（**図1**）。これまでは若死にが急速に減少してきたが、今後は、85歳以上の年齢層の死亡件数が急増する姿が時間軸で示されている。今後2040年に向けて85歳以上100歳に向けて長生きする人口が急速に増加し、その人口がピーク時は1,000万人近くの規模に達すると見込まれる。

　85歳の時点でも大変元気な方も多数おられるが、集団としては加齢に伴い心身の機能は低下し、現在の平均的な姿でみると85歳の方

図1 年齢別死亡件数推移

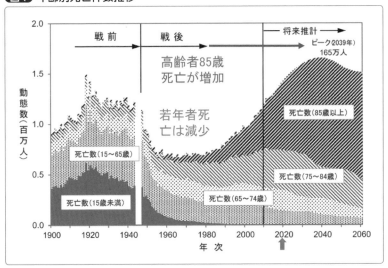

出典：国立社会保障・人口問題研究所　金子隆一氏資料より

はおおむね要介護状態に差しかかっている。今日、生活習慣病予防の徹底が叫ばれているが、その取り組みが進むに応じて、生活習慣病の急性増悪による要介護者数は相対的に低下し、加齢に伴う虚弱による要介護者数が大幅に増加することが予想される。現に、今後は医療費の増加に比べて介護費用が大幅に増加することが見込まれている。

　今後は、介護予防とりわけ早期の介護予防であるフレイル予防が国家的な大課題となると考えられる。

② フレイル予防の概念と構造

　要介護になる過程については、フレイルという概念がきわめて重要なものとなる。

　日本老年医学会は、加齢に伴い心身の状態が低下し要介護に至るまでの過程を「フレイル」と定義した。あえて生活習慣病における発症と重症化の過程との比較を例に挙げて説明すると、フレイルは、生活習慣病が発症する前のいわゆる健康と生活習慣病発症との境界領域に相当するといえよう。生活習慣病は、代謝にかかわる病気であり、発症後もさまざまな薬剤による重症化予防が可能であるが、一方において、加齢に伴う心身機能の低下については、筋肉の減弱がかなり進んで要介護になった状態での回復には自ずから一定の限度がある。このため、それ以前の可逆性のある段階でフレイルの兆候を見いだして対応し、フレイルを回復させたり遅らせたりすることがきわめて重要である。すなわち、介護予防の早期対応であるフレイル予防がきわめて重要なのである（**図2**）。

　フレイルの構造については、東京大学高齢社会総合研究機構の飯島勝矢教授が千葉県柏市の住民を対象に行った大規模高齢者縦断追跡コホート調査研究（「柏スタディ」と呼ばれている）が注目される。約2,000人を対象に、各人二百数十項目にわたる詳細な調査を継続的に実施した膨大なデータを仮説モデル検証法により解析した結果、フレイルが進行する構造は、運動の不足だけでなく、栄養摂取の不足、そ

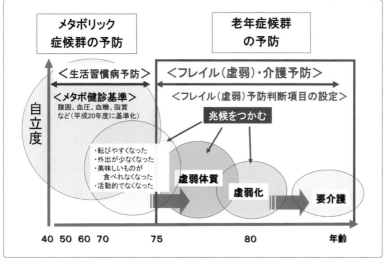

図2 生活習慣病予防・介護予防の研究と推進

| メタボリック症候群の予防 | 老年症候群の予防 |

＜生活習慣病予防＞　＜フレイル（虚弱）・介護予防＞

自立度

＜メタボ健診基準＞
腹囲、血圧、血糖、脂質
など（平成20年度に基準化）

＜フレイル（虚弱）予防判断項目の設定＞

兆候をつかむ

・転びやすくなった
・外出が少なくなった
・美味しいものが
　食べれなくなった
・活動的でなくなった

虚弱体質

虚弱化

要介護

40　50　60　70　　　75　　　　　　　　80　　　　　　年齢

出典：東京大学高齢社会総合研究機構作成資料

の手前には口腔機能の低下、さらにその手前には人と人のつながり、生活の広がりといった社会性の低下という要素がかかわっていることが明らかになったのである。すなわち、フレイルを予防するためには、栄養（食・口腔機能）、身体活動、社会参加という３つの要素に着目した三位一体の包括的な視点に立って、私たち自身が日常生活の営みのなかで必要なことを行っていく必要があるということである。とりわけ、フレイルにおちいる端緒ともいえる社会性の低下に留意することが重要という考え方は注目される。

3 フレイル予防を含む介護予防政策の体系化
①ポピュレーション・アプローチとハイリスク・アプローチ

　フレイル予防は、基本的には、要介護の状態になる手前の早期の段階で、日常生活において個人個人が自ら心がけ、あるいはお互いに励まし合うという自助互助の領域で対応するべきことである。すなわち、専門職が個々の住民にコミットするのではなく、住民への啓発活

動や居場所づくりによる交流の促進などの環境整備によるポピュレーション・アプローチという政策手法が重要であることを意味している。

　要支援や要介護の状態における個別の重症化予防、すなわち専門職の対応を基本とするハイリスク・アプローチも必要であるが、今後、85歳以上人口が増えていくなかにおいて、そのような水際での対応では対応しきれるものではなく、その手前の防波堤ともいうべきポピュレーション・アプローチに政策の重点を置かなければ対応しきれないのである。介護保険の地域支援事業における一般介護予防事業はこれに相当するものであり、今後はそのより有効な方法を吟味していく必要がある。

　第1章で紹介する飯島教授が開発した「フレイルチェック」は、ポピュレーション・アプローチの方法としてきわめて注目されるものである。これは、地域住民がフレイルサポーターとなって関与し、3つの要素（栄養、身体活動、社会参加）に着目した総合的な視点からのさまざまな項目の計測等を行うなかで、地域住民のフレイル予防に関する理解と個々の具体的な気づきと自分事化を促すことをとおして、広く地域の住民の意識へフレイル予防の重要性を浸透させていく仕組みである。この場合、これらの3つの要素にかかわる22項目のデータが記録され、時系列的な比較や地域ごとの比較などさまざまな活用ができることはきわめて重要なことである。

②データ整備を含む介護予防政策の体系化とフレイル予防産業の位置づけ

　もとより、介護予防とは、介護保険における定義にもあるとおり、早期の介護予防であるフレイル予防だけでなく、要介護になってもその重症化を防ぎ、さらには軽減するという一連の連続的な概念であり、それを体系的に行わなければならない。

　この一環として、要介護となる前の状態であるフレイルは徐々に進行するので、その進行に応じたきめ細かなフレイル対策の体系の構築

が必要である。最近では、フレイルチェックで得られたデータをもとに、フレイルの段階の者のうち要介護になりやすいハイリスク者を明らかにし、そのハイリスク者への対応をどのように行うかについての試みも始まっている。このように、フレイルの段階からしっかりしたデータも取りながら体系的に行うべき介護予防政策の構築が始まっている。

　一方、介護予防に関する介護保険制度における取り組みは、当初は、要支援者に対する介護予防給付が重要な政策手段とされてきたが、2014（平成26）年の介護保険法改正により、介護保険の地域支援事業に「介護予防・日常生活支援総合事業」が導入され、大きく「介護予防・生活支援サービス事業」と「一般介護予防事業」として展開されている。

　介護予防の視点から特に注目されるのは、これまでハイリスク者へのハイリスク・アプローチ（2次予防事業）を中心に取り組まれてきた介護予防事業が住民主体の通いの場等のポピュレーション・アプローチ（一般介護予防事業における「地域介護予防活動支援事業」）に重点が移ってきていることに加え、要支援者等を対象とした介護予防・生活支援サービス事業において、介護保険に頼らない自立した生活のために提供される「短期集中予防サービス（通所型サービスC）」である。これらがフレイル対策として連動することにより、介護予防政策の体系化が一層進むことが期待される。

　この場合、フレイル予防は、一義的には自助・互助の範疇に位置づけられることから、市町村等の行政が一般介護予防事業として普及啓発や環境整備を進めることと併せて、地域住民自らが日常生活における自助努力としてさまざまなフレイル予防に資する民間事業者のサービス（その一環で販売される食品等の商品を含む）を利用することも、フレイル予防の範疇に位置づけられる。このような意味において、今後は、地域住民の日常の暮らしのなかにフレイル予防の要素が定着していくように、官民一体の取り組みの一環として、フレイル予

防産業の発展も期待されるのである。

③市町村行政への期待

　市町村における総合事業の実施状況は、各地の実情によりさまざまであるが、フレイル予防を含めた介護予防政策は今後極めて重要となる。このため、市町村においては、以上述べたような視点に立って総合事業の進め方を精査する必要がある。

　すなわち、フレイルの進行という状態から始まり要介護に至る機序と対応の考え方、とりわけフレイル予防の概念について学び、理解する必要がある。そのうえで、住民のフレイルに関連するデータをできる限り整備・解析することに留意しつつ、特に早期からの対応に重点を置き、現行の各種関係施策の位置づけを吟味し、戦略的かつ効率的に途切れなく政策を体系化していくという視点が重要である（**図3**）。

　この場合、現在進行中の保健事業と介護予防の一体的な実施との関係も生じてくるが、一体的な実施にあたっては、対象者の状況に応じて、生活習慣病予防（重症化予防を含む）の対象者か、介護予防（フレイル予防を含む）の対象者か、それとも両方の要素を考慮して関与すべき対象者かどうかの仕分けとそれぞれにふさわしい対応のシステムについて、市町村の実情をふまえあらかじめ十分な検討が必要ではないかということを付け加えておきたい。

図3 フレイル予防を含めた介護予防の体系的な展開

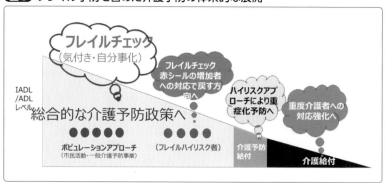

出典：東京大学 高齢社会総合研究機構 フレイル予防研究チーム作成資料

本書は、介護予防、とりわけフレイル対策に重点を置いた最新の知見と取り組み、また、参考となる自治体の取り組み事例を系統的に述べているので、本書が各地において体系的な介護予防政策の構築を検討するうえでの参考として活用されることを期待している。

目次

第❷章 フレイル対策の進め方

第1章

フレイルの正しい理解

はじめに

　少子高齢化が進むなか、今すでに国民の３人に１人が高齢者になりました。さらに、2050 年には国民の４割が高齢者となることが推定されており、少子化の問題も相まって、高齢者１人を 1.2 人の現役世代が支える「肩車」型社会の到来が見込まれています。いつまでも自立生活を送り、生き生き快活な高齢期を送るには、身体が健康であるだけでは不十分であり、生きがい・社会参加・社会貢献・多世代交流などの住民活力を生む処方箋が地域のなかで求められます。

　また、従来の健康増進につながる運動だけではなく、多様な社会性を伴った日常生活の底上げにより、健康寿命の延伸を実現したいものです。その実現に向けて、世に出てきた新たな考え方が「フレイル」です。

1 フレイル概念とは：国民に何を伝えたいのか

　2014（平成 26）年に日本老年医学会が「虚弱」という意味である英単語 Frailty の日本語訳として「フレイル」という名称でステートメントを公開しました[1]。フレイルは加齢に伴う生理的な予備能力の低下のため、さまざまなストレスに対する抵抗力・回復力が低下した状態であり、この状態になると生活機能障害、要介護状態、死亡などにおちいりやすくなります。言い換えれば、ヒトは健常な状態から、筋力が衰える「サルコペニア」（詳細は第１節❷参照）という状態も経て、さらに生活機能が全般に衰えるフレイル状態となり、最終的に要介護状態に至ります（**図1-1**）。

　すなわち、このフレイルの時期は健康（剛健）と要介護の中間の時期を指し、要介護になりやすい手前の状態です。しかも、身体的問題（身体的フレイル）だけではなく、精神心理・認知的問題（精神心理

図1-1 フレイルの概念

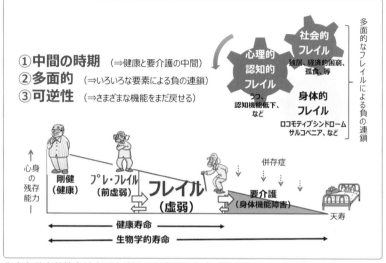

①**中間の時期**（⇒健康と要介護の中間）
②**多面的**（⇒いろいろな要素による負の連鎖）
③**可逆性**（⇒さまざまな機能をまだ戻せる）

東京大学高齢社会総合研究機構・飯島勝矢作成（葛谷雅文. 日老医誌 46:279-285, 2009 より引用改変）

的フレイル）、そして社会的問題（社会的フレイル）の3つのドメインがあり、それぞれが相互に影響し合っています[2]。この多面的な問題は重複しやすく、負の連鎖のなかで生活機能障害や死亡などの負のアウトカム（結果）を招きやすい状態です。しかし、不可逆的な生活機能障害に至る前段階であるため、適切な介入や生活習慣改善により可逆性がある状態でもあります。

簡単にフレイルの概念をまとめると、**表1-1** のようになります。

表1-1 フレイルの概念

①【中間の時期】健康な状態と要介護状態の中間地点である

②【多面性】身体的フレイルだけではなく、精神心理的・認知的フレイル、社会的フレイルという3つのドメインが存在し、相互に関連する

③【可逆性】しかるべき適切な介入により機能（予備能力・残存機能）を回復することができる時期

フレイルといっても、前虚弱状態（プレフレイル）を含めると、その状態像にはかなりの幅があります。そのため、フレイル予防の効果的な実施は、高齢者が少しでも早く自分自身のフレイルの状態に気づき、自分事として、次なる行動変容に移せることが重要です。しかも、単にフレイルの程度を知るだけではなく、身体面・精神心理面・社会面のどの部分がフレイル状態にあるのかを認識することが重要です。そして、自分が今どこに立っており、そのバランス状況はどうなのかについて考えてもらうことが重要です。

　たとえば「最近外出するのが少し億劫になってきたな」「食事が進まないな」といったごく初期の症状に対して、一般的には歳のせいにしてしまいがちです。住民自身が、より早期からこのフレイル概念および重要性を認識し、前向きな気持ちで意識変容そして行動変容につなげていってもらいたいと思います。そして、このフレイルの考え方により、介護予防施策にあらためて大きな風を入れ、そして多くの住民に予防意識をより一層高めてほしいものです。

補足説明 **フレイルの多面性**

　国際コンセンサスグループ（Frailty と加齢に関する国際会議 International Working Meeting on Frailty and Aging：米国、フランス、ドイツ、イタリア、カナダ、メキシコ、ベルギー等の研究者が参加）は，2012 年に開催された会議で、身体的フレイルを「複数の原因や誘因によってもたらされる医学的な症候群で、筋力や持久力の低下、生理機能の低下を特徴とする、要介護や死亡に至る脆弱性が増した状態」と定義しています [3]。これにより、身体的フレイルの定義についてはおおむね一致した見解が得られつつあります。

　一方、精神心理的フレイルについては、2013 年に国際コンセンサスグループが「身体機能が低下した高齢者でみられる可逆性の認知障害で、放置すると認知症への進展リスクが高い状態」と定義し、身体的フレイルと認知機能障害が共存することと、認知症でないことを要件としています [4]。しかし、軽度認知障害（いわゆる mild cognitive impairment: MCI）との関連性など、明らかにすべき課題が多く残されています。

　社会的フレイルについては、独居、経済的困窮、孤食、社会的孤立などさまざまな状態が含まれますが、現時点では明確な定義が提案されていません。

ロコモとフレイルの違い

　　身体を動かす筋肉に加え、身体を支える骨、身体を曲げたり衝撃を吸収したりする関節や軟骨、運動をコントロールする神経系といった運動器全体に焦点を当てた「ロコモティブシンドローム（locomotive syndrome；以下「ロコモ」という）」という概念もあります。

　　フレイルは、身体面だけではなく、精神心理面や社会面をも含む多面的概念です。一方で、ロコモは運動器に焦点を当てた専門的概念であり、サルコペニア同様、身体的フレイルの直接的な原因となり得ます。すなわち、ロコモは多面的なフレイルのなかの身体的フレイルの代表的な状態を表します。

② フレイルの最大なる要因であるサルコペニアとは

　サルコペニアとは、ギリシャ語で筋肉を意味する「サルコ」と、減少を意味する「ペニア」の造語であり、加齢や病気などによって筋肉量が減少し全身の能力が低下した状態をいいます（ 図1-2 ）。このサルコペニアが進行すると、運動機能障害ひいては自立度の低下につながっていきますので、フレイルの最たる要因となります。そのため、介護予防の視点から注目すべき健康づくりの指標となっています。

図1-2 サルコペニアとは

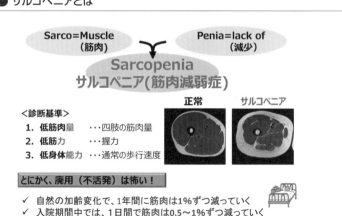

しかしながら、サルコペニアは無症状です。自然の加齢変化だけでも１年間に筋肉は約１％ずつ減っていくのですが、入院期間中では１日間で筋肉は0.5〜１％ずつ減っていくともいわれており、さらに、高齢期での２週間の寝たきり生活では、実に自然経過での７年間で失う筋肉を一度に失ってしまうことになります。

　サルコペニアが重度化してしまい運動機能障害などが顕在化してしまうと、かつての状態まで回復させることは非常に難しくなります。したがって、機能低下が顕在化する前のより早期の段階から、当事者（特に高齢者）自身が骨格筋量の減少や筋力の低下などを自覚し、適切かつ継続的な予防活動を行うことが必須です。

　リンダ・フリード（Linda Fried）らにより、サルコペニアを中心とする「フレイル・サイクル（Frailty cycle）」が示されています[5]（**図1-3**）。サルコペニアが若干進行すると安静時代謝が減り、消費

図1-3 フレイル発症・重症化の悪循環（フレイル・サイクル）と多面的な脆弱性

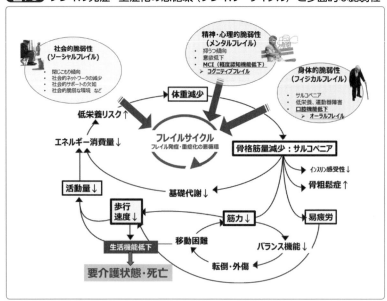

出典：Medical Science Digest「フレイル・サルコペニアの危険因子とその階層構造」
田中友規、飯島勝矢、2019 年

エネルギーも減ることから、食欲（食事摂取量）低下に傾き、低栄養や体重減少におちいっていき、次なるサルコペニアの進行を促すという、いわゆる負の連鎖を示しています。そこに、社会的問題（独居、閉じこもり、貧困等）や精神心理的問題（認知機能障害や抑うつ等）も大きくかかわってくるのです。この負の連鎖をいかにより早期から断ち切れるのかが大きな課題です。

❸ フレイルの評価方法

　フレイルの診断基準はいくつかありますが、最も広く用いられているのはリンダ・フリードらが提唱したCHS（Cardiovascular Health Study Index）基準で、表現型モデルといわれています[6]（図1-4）。具体的には、からだの縮み（shrinking：体重の減少）、疲れやすさ（exhaustion：疲労感）、活動の少なさ（low activity：身体活動量の低下）、動作の緩慢さ（slowness：歩行速度の低下）、弱々しさ（weakness：握力の低下）の5つの要素が顕在化してきます。

図1-4 リンダ・フリードらのフレイルの概念

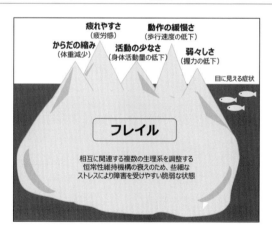

フレイルになると, shrinking（からだの縮み）, exhaustion（疲れやすさ）, low activity（活動の少なさ）, slowness（動作の緩慢さ）, weakness（弱々しさ）の5つの要素が顕在化してくる.

CHS 基準では、5項目それぞれの基準値は定められておらず、さまざまな値が使用されてきましたが、近年、厚生労働省の研究班により、わが国で妥当と考えられる基準値に修正した「日本版 CHS 基準（J-CHS 基準）」が作成されました（表1-2）。以下の5項目のうち、3項目に該当する場合をフレイルとし、1～2項目に該当する場合をプレフレイルとしています。

表1-2 日本版 CHS 基準 (J-CHS 基準)

①【体重減少】6か月で、2～3kg以上の体重減少
②【筋力低下】握力 男性＜28kg、女性＜18kg
③【疲労感】（ここ2週間）わけもなく疲れたような感じがする
④【歩行速度】通常歩行＜1.0m/秒
⑤【身体活動】①軽い運動・体操をしていますか？
　　　　　　　②定期的な運動・スポーツをしていますか？

　自立度低下や死亡をアウトカムとした予測的妥当性が検証されており、スクリーニングとして頻度多く用いられています[7]。しかし、評価にあたっては、歩行速度と握力測定のための用具や十分なスペースが必要となってきます。

　フレイルの評価方法に関しては、ほかにも国内外でいくつかの評価法が提案されています。簡易なものや実測を伴う詳細なもの、フレイルの身体的側面のみを評価するものもあれば、精神心理面や社会面を含むものなど、評価法にもさまざまなものが存在します。

　筆者らは、千葉県柏市をフィールドとする「柏スタディ」（大規模コホート高齢者虚弱予防研究：自立～要支援高齢者が対象）で高齢期のフレイルとその変化を長年にわたり縦断追跡（経過観察）を行い、多角的側面から評価してきました。その学術的知見から、地域レベルでのフレイル予防プログラムとして参加住民に予防行動へとつなげてもらう（意識変容・行動変容）ための「フレイルチェック」を開発し

ました（詳細は第1章第2節）。

　また、サルコペニアを簡便に把握するための「指輪っかテスト」、そして多面的なフレイルの重要ポイントを気づかせてくれる「イレブンチェック」なども開発し、盛り込まれています。これらは要介護認定や死亡に至るリスクとの関連も検証されています。

　また、総合事業等でも使用されている「基本チェックリスト」は、近い将来介護が必要となる危険の高い高齢者（二次予防事業対象者）を抽出するスクリーニング法として開発され、2006（平成18）年の介護保険制度改正の際に、介護予防把握事業の一部として導入されました。日常生活関連動作、運動器、低栄養状態、口腔機能、閉じこもり、認知機能、抑うつ気分、の7領域25個の質問群から構成されています。

　使用されていた当初、カテゴリー別に評価し、各専門職がアプローチしていましたが、のちに佐竹らにより総合点でのフレイルの予測指標としての根拠も打ち出されました[8]。具体的には0～3点が正常、4～7点がプレフレイル、8点以上がフレイルとされています。

　このように、基本チェックリストを総合点として判断する際には、心身の脆弱性（フレイル）の包括的指標となり、一方で、2次予防事業対象者の選定基準にもとづくカテゴリー別の評価をする場合には、アプローチを行うべき領域を明示する指標となり得ます。これらの総合アプローチと領域別アプローチを織り交ぜた活用を行って、自立支援のための予防事業や医療介入につなげていくことが望まれます。

❹ フレイル予防のための3つの柱：三位一体

　われわれの研究からの豊富なエビデンスにより、健康長寿（フレイル予防）のための3つの柱としては、①「栄養（食・口腔機能）」、②「身体活動（運動、社会活動など）」、③「社会参加（就労、余暇活動、ボランテイアなど）と人とのつながり」に集約できます（各項目の詳細は第1章第2節❷を参照）。個々の住民がこの3つの柱に対して、

どれか1つだけを頑張るのではなく、3つともすべて（すなわち三位一体として）継続的かつ包括的に日常生活を底上げできるように、上手に気づきを与え、自分事のように感じ、意識変容そして行動変容につながるように促す必要があります[9]（図1-5 A）。

　また、図 図1-5 B には「フレイル・ドミノ」を示しました。ヒトが衰えていくなかで、すべての要素に対して底上げが必要ですが、特に社会参加（社会とのつながり、人とのつながり）が最も重要です。すなわち、地域社会や人とのつながりを失うことがフレイルの最初の入り口であるといっても過言ではないでしょう。その重要性を住民全体にあらためて再認識してもらう必要があります。その意味でも、フレイル予防は個々人の努力だけではなく、地域づくりそのものともいえるのでしょう。

図1-5 フレイル予防のための3つの柱

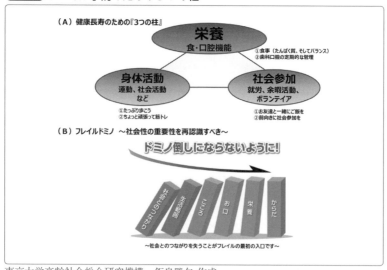

東京大学高齢社会総合研究機構・飯島勝矢 作成

❺ フレイル対策を国家戦略へ

　以上述べてきたように、フレイルは、健康な状態から要介護状態に至る前までの状態を指し、「フレイル予防」とは、その状態の進行を遅らせたり、状態を戻したりすることといえます。一方、政策的にみた場合、それは、介護保険における「介護予防」のうちの早期の対応の部分に位置づけられます。したがって、フレイル予防は、それだけが独立して存在するものではなく、介護保険における「介護予防・日常生活支援総合事業」や近年の大きな新たな課題である「高齢者の保健事業と介護予防の一体的実施」などとも相まって、「フレイル対策」として総合的に進められる必要があります。

　フレイル対策は、徐々に国家プロジェクトとして位置づけられてきているといっても過言ではありません。筆者が有識者民間議員として参画していた一億総活躍国民会議において、2016（平成28）年6月2日に閣議決定された「ニッポン一億総活躍プラン」のなかにもフレイル対策はすでに述べられています。

　そこには各地域で取り組まれている介護予防事業のさらなる刷新に加え、各専門職による栄養・口腔・服薬等へのさらなる介入も示されています。さらに、プレフレイル（前虚弱状態）に焦点を合わせた早期の介入として、多様な社会参加の機会の拡充も含めた地域ぐるみでの取り組みを強調しています。

　また、2020（令和2）年4月から開始された厚生労働省の「高齢者の保健事業と介護予防の一体的実施」において、後期高齢者健診だけではなく、地域の通いの場においてもフレイルの視点に立った簡易質問票が実施できるような方向性が求められています。

　このように、高齢者の特性をふまえつつのフレイル対策が国家戦略になってきています。これらをふまえ、各自治体の介護予防政策において、このフレイル概念がさらに盛り込まれ、各自治体の構成メンバー（行政や専門職能だけではなく、住民も含む）すべてが同じ方向

を向けるきっかけとなってくれることも期待します。

　特に、筆者が推し進めているように、さまざまなエビデンスから考案した住民主体のフレイルチェック活動を各自治体のなかでアクセントとして実施しながら、「フレイル予防をとおした健康長寿の地域づくり」という考え方と包括的アプローチ方法があらためて大きな役割を担うことを期待します。

⑥ 新型コロナウイルス感染症 (COVID-19) 問題はわれわれに何を教えているのか

　2020年より全世界レベルで新型コロナウイルス感染症（COVID-19）が問題となり、まだ終息の気配を見せていません。果たしてこのCOVID-19問題が最終的にわが国にどのような影響を及ぼし、どのような爪痕を残すのでしょうか。

　実際に、重症肺炎になり集中治療を受け、結果的に命を落とした方、まだ治療中の方、後遺症に悩んでいる方もいます。一方で、コロナ禍での高齢者における自粛生活長期化による生活不活発、それによる心身機能の低下（いわゆるフレイル化）、さらには人とのつながりと社会参加の低下が顕著にエビデンスとして浮上してきています。したがって、従来の呼吸器感染症としての病態管理だけではなく、このコロナ禍での「高齢者の健康2次被害」も軽視できません。

　このコロナ問題は単なる新たな感染症の課題を示しているだけではありません。おそらく、コロナ問題が発生する以前の「従来から持ち合わせていたさまざまな地域課題や社会課題をより早期に見える化」させてくれているのでしょう。

　このコロナ問題によるピンチをどのようにチャンスに変えるのか、そしてヘルスケア分野において、国民の個々人に何を伝え、さらには新たな地域社会づくりにどう反映させるのか、ここは大きな分岐点になるでしょう。詳細は第1章第3節❸を参照してください。

❼ フレイル予防はまさに「総合知による地域づくり」

　一人ひとりの健康寿命を延伸し、快活な地域づくりを目指すなか
で、フレイル予防は個々の高齢者の課題でもあると同時に、すべての
住民を抱えたコミュニティそのものが抱えている大きな課題です。そ
の意味では、わが国は大きな転換期を迎えているといっても過言では
ありません。

　各地域において、「しっかり噛んで、しっかり食べ、しっかり歩き、
そして人とのつながりを維持しながら、しっかり社会性を高く！」と
いう原点を住民にわかりやすく伝えながら、従来の介護予防事業を新
たなフレイル予防活動へと進化していくべきです。そのためには工夫
を凝らした形での個人の意識変容・行動変容と同時に、それを強力に
促すための良好な社会環境の実現（健康のための支援へのアクセスの
改善と地域の絆に依拠した健康づくりの場の構築など）も併存するこ
とが必須です。

　まさに、「総合知による地域づくり」として、自治体の関係部署、
専門職能団体や市民団体、企業などもかかわりを強化しながら、市民
主体の機運を醸成していく必要があります。

　今こそ日本のヘルスケアの底上げのために、フレイル概念に関する
エビデンス創出とそれにもとづいた政策立案（evidence-based policy
making: EBPM）、そして各地域での迅速な行動が求められます。ま
さに「さらなる健康長寿社会への挑戦」の一歩を踏み出す時期です。

　従来の健康増進施策だけの枠にとどまらず、地域社会のなかにも
Society 5.0をしっかりと加速させ、ICT環境を急速かつ大幅に改善
し、全世代にわたり（たとえ高齢者であっても）人とのつながりや交
流、そして高齢者の生涯教育も含めた能力開発できる教育・交流の機
会を増やす必要があります。

　そして、①元気なうちから生きがいづくりや生涯現役を実現できる
地域社会の構築、②介護予防・フレイル予防・健康づくりを実現する

真のポピュレーション・アプローチ（高齢住民主体活動のエンパワメント含む）、③生活支援からケアまでのハイリスク・アプローチのさらなる強化、加えて④自治体保有のデータベース活用も視野に入れた大規模な課題解決型実証によるエビデンス化など、これらがどの自治体でもシームレスかつ一連の、そして地域健康格差のない取り組みとして求められます。

引用文献

1. 荒井秀典：フレイルに関する日本老年医学会からのステートメント. https://www.jpn-geriat-soc.or.jp/info/topics/pdf/20140513_01_01.pdf

2. Gobbens RJ, Luijkx KG, Wijnen-Sponselee MT, et al: Towards an integral conceptual model of frailty. J Nutr Health Aging. 2010;14:175-181.

3. Morley JE, Vellas B, van Kan GA, et al: Frailty consensus: a call to action. J Am Med Dir Assoc. 2013;14:392-397.

4. 櫻井孝：精神心理的フレイルの意義. Modern Physician 2015；35：827-830.

5. Fried LP, Tangen CM, Walston J et al.：Frailty in Older Adults: Evidence for a Phenotype. J Gerontol A Biol Sci Med Sci. 2001;56(3):M146-M156.

6. 野藤悠. フレイルとは：概念や評価法について. 月刊地域医学 2018;Vol.32 No.4:50-58.

7. Satake S, Shimada H, Yamada M, et al: Prevalence of frailty among community-dwellers and outpatients in Japan as defined by the Japanese version of the Cardiovascular Health Study criteria. Geriatr Gerontol Int. 2017;17:2629-2634.

8. Satake S, Senda K, Hong YJ, et al.: Validity of the Kihon Checklist for assessing frailty status. Geriatr Gerontol Int. 2016;16:709-715.

9. 平成24～26年度 厚生労働科学研究費補助金（長寿科学総合研究事業）「虚弱・サルコペニアモデルを踏まえた高齢者食生活支援の枠組みと包括的介護予防プログラムの考案および検証を目的とした調査研究」報告書

フレイルにならないために

① フレイル予防戦略の必要性

1 大規模フレイル予防研究「柏スタディ」

　フレイル予防戦略を講じるうえでは、フレイル予防法の確立が不可欠です。しかしながら、フレイル予防の現状は、各自治体が従来の介護予防事業の延長で独自に実施し始めている場合が多く、課題が山積しています。

　たとえば、事業の持続可能性が検討されていない、科学的な検証がなされていない、ごく一部の健康関心層のみが参加する、あるいはハイリスク高齢者のみが対象となっている場合が多くみられます。

　フレイル予防健康長寿の地域づくりを目指すには、若い世代をも巻き込みながら、誰もがフレイルを知り、自ずと予防や支援に取り組むことができる地域社会全体へのポピュレーション・アプローチがまず重要だと考えます。同時に、より個別対応が求められる高齢者には医療的対応や生活支援を施せるようなハイリスク・アプローチを施すための受け皿整備や連携構築も重要です。これらを加味した多様なレベルへの効果的なヘルスプロモーションを各自治体の実情に合わせて取り組むことが必要でしょう。

　東京大学高齢社会総合研究機構では、エビデンスにもとづく早期介入ポイントと地域におけるフレイル予防法を開発すべく、2012（平成24）年から2020（令和2）年現在に至るまで、千葉県柏市在住の満65歳以上高齢者から要介護認定者を除いた2,044名を対象に大規模フレイル予防研究（柏スタディ）を仕掛けてきました（ 図1-6 ）。これは2012年の初年度の段階で、自立（一部、要支援も含む）であった65歳以上高齢者がどのような経過を追っていくかを観察する研究です。

　柏スタディでは、高齢者のフレイル状態を数百にもわたる多角的か

図1-6 大規模長寿縦断追跡研究「柏スタディ」

つ包括的な指標で評価しています（**図1-7**）。具体的には、看護師による問診や採血、栄養士による身体計測、歯科医療従事者による口腔機能検査、そして千葉県柏市の地域住民である測定補助員と各専門家による認知機能検査や運動機能評価を実施、さらには精神・心理状

図1-7 「柏スタディ」の調査風景と検査概要

態、生活習慣、社会性・社会環境などです。

この大規模な調査を 2012 年度から 5 回、経時的に実施しています。人数こそ 2,044 名と決して多いわけではありませんが、一人ひとりの評価量の深さと幅広さは国内で類をみない大規模な調査であるといえます。2012 年調査開始当初は大規模高齢者虚弱予防研究「栄養と体の健康増進調査」と呼ばれ、フレイルいう言葉すら誕生していなかった時期から研究を重ねてきました。

② 柏スタディから産まれた根拠や新知見

柏スタディでは、健康長寿の観点から、フレイル化を未然に防ぐための早期介入ポイントの探索のほか、医療従事者がいない場所やそれこそ高齢者自身が自宅でもできる簡便なスクリーニング法の開発を主たる目的としています。今日に至るまで、後述するフレイルチェック等も含めて数多くの根拠や新知見を創出し、研究成果を世に還元してきました（図1-8）。

図1-8 「柏スタディ」が産み出した数々の根拠や新知見

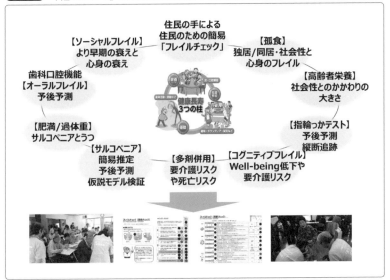

次に、柏スタディの産み出した代表的な根拠や新知見を紹介します。

①指輪っかテスト

柏スタディの産み出した代表的な根拠や新知見の１つが「指輪っかテスト」です（ **図1-9** ）。

「指輪っかテスト」は、両手の親指と人差し指で輪（指輪っか）をつくり、いすに腰かけて前かがみとなり、利き足とは逆のふくらはぎの最太部をそっと囲むだけのテストです。指輪っかの周囲長は約30cmであるが体格による個人差もあり、まさに自身の物差しといえます。この約30cmの自身の物差しよりも、ふくらはぎが囲めないくらい太いのか、ちょうど同じ程度なのか、細くて隙間ができてしまうのかを見極めます。

このきわめて簡便な自己評価法でも、身体的フレイルの最たる要因の１つサルコペニアのスクリーニング法として有用であることを明ら

図1-9 サルコペニア簡易スクリーニング法「指輪っかテスト」により
フレイル予防への意識変容を促す

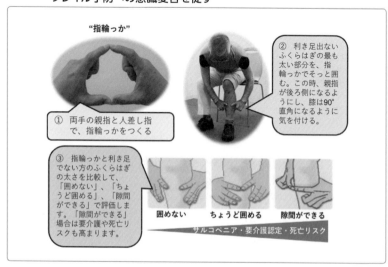

かにしました。具体的には、指輪っかで囲めないほどふくらはぎが太い人と比べると、囲める人はサルコペニアの発症リスクが約3倍も高いことがわかりました。さらに、指輪っかで隙間ができるほどふくらはぎが細い人は、サルコペニアどころか要介護や死亡リスクですら高いという結果でした（図1-10）。

　このように、いかに必要十分多数の客観的データから根拠にもとづいた予防法を確立し、そのシンプルかつ有効なメソッドをいかに現実へと落とし込むのかは、産学官民の連携による多角的アプローチによる最大限の努力が必要不可欠です。この指輪っかテストは第1章第2節❸で説明するフレイルチェックの代名詞とも呼ばれるほど重要な役割をもつテストになりました。

②社会とのかかわり・人とのつながり

　柏スタディから産まれた各々の根拠や新知見をまとめてみると、フレイルやサルコペニアといった状態になりやすい人は「社会とのかかわり・人とのつながり」が薄れている高齢者が多いことがわかってき

図1-10 指輪っかテストと要介護認定・死亡リスク

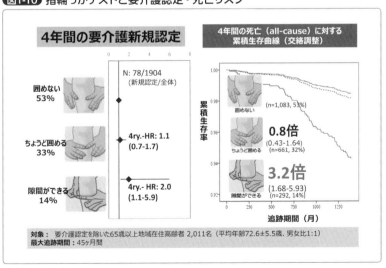

対象：要介護認定を除いた65歳以上地域在住高齢者 2,011名（平均年齢72.6±5.5歳、男女比1：1）
最大追跡期間：45ヶ月間

ました。

　身体的な側面から生活機能が衰えてしまう高齢者ももちろん存在しますが、この事実はわが国におけるフレイル予防戦略としていかに「社会とのかかわり・人とのつながり」を維持・向上するかが第一であり、ポピュレーション・アプローチの重要性を示唆しています（ **図1-11** ）。

③ モデル自治体における悉皆調査からみえてきたもの
① 「人とのつながり」の重要性（千葉県柏市）

　千葉県柏市在住の高齢者全員を対象とした悉皆調査の結果を紹介します[2]。悉皆調査は対象となる集団全員を調査する手法で、そこから得られた知見はたとえ調査項目に限界があったとしても、学ぶことが多いといえます。

　ここでは、千葉県柏市在住の自立高齢者を対象として悉皆調査により、フレイルを介護予防事業において一般的に使われている基本チェックリストという質問票を用いて評価し、フレイルと関係する社会活動を検討してみました。

図1-11 フレイル・ドミノ
　　　　　〜フレイルは社会とのつながりを失うことから始まる〜

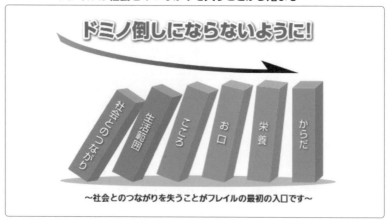

　基本チェックリストとは、従来の介護予防・日常生活支援総合事業等で広く活用されてきた25項目からなる質問票で、高齢者の生活や健康状態を確認するものです。基本チェックリスト25項目の内、悪い回答が4個から7個当てはまるとプレフレイル、8個以上でフレイルと判断できます[3]。

　解析対象者は49,238名で、そのうち12.8%名がフレイルでした。社会活動は大きく「身体活動」「文化活動」「ボランティア活動・その他の地域活動」に分けました。結果として、「身体活動」「文化活動」「ボランティア活動・その他の地域活動」の3つともに実施していた高齢者と比較すると、まったく実施していない高齢者ではフレイルになっているオッズ比が16.4倍高いことがわかりました（**図1-12**）。ここからフレイル予防には何かしらの社会活動をより多種類行うことが重要であることが読み取れます。

　最も重要な点は、「身体活動」のみを行っている高齢者と、運動習慣はなく、文化活動やボランティア活動・地域活動を行っている高齢者を比べた場合に、フレイルになっている人の割合（オッズ比）が、

図1-12 フレイル予防は「人とのつながり」が重要
　　　　〜さまざまな活動の複数実施とフレイルとの関連〜

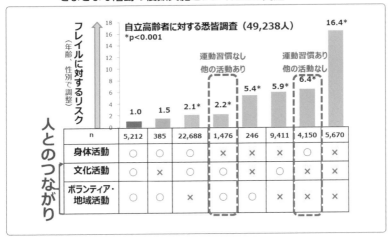

n	5,212	385	22,688	1,476	246	9,411	4,150	5,670
身体活動	○	○	○	×	×	×	×	×
文化活動	○	×	○	×	×	○	×	×
ボランティア・地域活動	○	○	×	○	○	×	×	×

運動習慣はなくとも多様な活動に参加している人のほうが低かったということです。この結果は、運動習慣の啓発を進めるポピュレーション・アプローチも重要ですが、文化活動やボランティア活動・地域活動といった活動でも、フレイル予防に効果がある可能性を示しています。

　現役を退いた高齢者は、社会的役割が減り自分自身の生きる目標を見いだしにくくなることから、社会的なかかわりが少なくなり、家に引きこもりがちになりやすい傾向にあります。このような状況は高齢者の日常生活を非活動的にし、身体的生活機能のみならず、精神的および社会的な生活機能をも低下させる大きな要因となります。

　したがって、高齢者が身体活動量を増加させる方法としては、まず、日常生活のなかであらゆる機会を通じて外出すること、ボランティアやサークルなどの地域活動を積極的に実施することです。その際、従来の町内会や伝統的なボランティア活動などの社会活動に加え、高齢社会に対応した新しい福祉活動（友愛訪問活動、福祉ボランティアなど）や知的・文化的な学習活動、趣味活動などを行うことが望まれます。

　こうした基本的な身体活動量の増加や、じっとしている時間（座位行動の時間）を減らすことがフレイル予防に重要だと考えられます。そのうえで、積極的な健康づくり行動としての体操、ウォーキング、軽いスポーツなどの身体活動を定期的に行うことができれば、なおよいことも本研究の結果から明らかです。

②「フレイル予防の地域づくり」の重要性 (東京都西東京市)

　フレイルチェックを導入し地域社会で広くフレイル予防を啓発すること、すなわち「フレイル予防の地域づくり」が、その地域に住む高齢者個人のフレイル・介護予防に有効なのでしょうか。実は、この東京都西東京市のデータから、その有効性を示唆する結果がみられているので紹介します。

　東京都西東京市は、後述する「住民主体の地域活動：フレイル

チェック」を中心としたフレイル予防事業を東京大学高齢社会総合研究機構と共同で実施、地域全体に面展開している、多くのフレイルチェック導入自治体のなかでも屈指の質を誇るモデル自治体です。

この西東京市では75歳以上自立高齢者の生活状況調査として悉皆調査を実施しています。民生委員の協力もあり回収率が90%を超える代表性の高い質問票調査ですが、本調査の魅力は柏市のデータが1時点での断面的な調査であるのに対して、こちらは2015（平成27）年度から3年おきに実施しているパネルデータである点です。パネルデータを用いることで、悉皆調査でさらに住民の経時変化を加味した検討をすることが可能です。

私たちは、日本老年医学会が世にフレイルを提唱した2014（平成26）年5月の翌年、2015（平成27）年度にこの生活状況調査を実施しフレイル状態等を評価しています。その後、フレイルチェックを導入し、フレイルチェックを約40回、フレイルに関するミニ講座を約24回、市内での出張講座やイベント等でのフレイルの紹介を約30回と実施しており、このフレイルチェックを実施・普及する住民ボランティアであるフレイルサポーターは約50名に上っています。

その3年後の2018（平成30）年度にあらためて同様の調査を行ったところ、全体の37%の高齢者のフレイル状態が進行していました。この数値では、健常者からフレイル予備群（プレフレイル）、プレフレイルからフレイルになった人などをすべて合わせた値です。また、7.3%の高齢者は2015年にフレイルであったにもかかわらず2018年に改善していました。

このフレイルの進行や改善には、その個人がフレイルという概念を知っており、対策を講じていることが有意な予測要因でした。しかしながら、驚きを隠せないのは個人の要因ではなく「地域の要因」です。東京都西東京市では、フレイル予防活動を積極的に行っている地域では認知率が高い傾向にあり、有意な地域差が認められています。また、このフレイルの認知率の高い地域に居住していることが、年齢

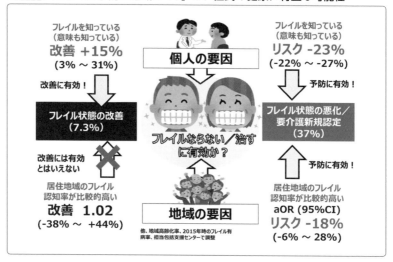

図1-13 「フレイル予防の地域づくり」が、住民の健康に有益な可能性

等の個人要因や高齢化率などの地域要因の影響を加味しても、高齢者個人のフレイル状態の悪化や要介護認定を抑制していたことがわかりました（**図1-13**）。

　今後、より長い経過を追いながらより定量的に検証していく必要がありますが、フレイル予防を通じた地域づくりがフレイルチェックに参加した人だけではなく高齢者住民の健康長寿にも少なからずよい影響を与えられる可能性がみえてきています。

② フレイル予防のための重要なコツ

1 【食】食事の安定化、多様性、食環境

　フレイルは身体的・精神心理的・社会的な側面を包含した概念ですが、高齢者のフレイル予防において、「食」が果たす役割は、栄養摂取によるからだづくりにとどまらず、精神心理面や社会参加にも大きな影響を及ぼすものです。ここでは、フレイル予防で最も重要なポイントである「食」に関して、多面的な側面から概説します。

　「食」について、フレイル予防・改善に向けた栄養摂取の側面から

考えてみると、特にサルコペニアや低栄養をいかに防ぐかが重要です。私たちは高齢者となる以前では、メタボリックシンドロームといった生活習慣病対策を推奨され、過栄養を防ぐことを求められます。すなわち、栄養バランスに富んだ食事を前提とし、過剰な摂取エネルギー量を控えることを学びます。

しかしながら、私たちは加齢に伴い食欲の低下や摂取エネルギー量の低下から、体重減少を来たしていきます。その結果として、サルコペニアや低栄養につながり、身体的なフレイルを重大化させる結果となります。実際に、栄養指標の1つであるBMIの推移と生命予後との関係について、60歳以上の日本人4,869名を13.8年間観察した研究では、最も死亡率が高かったのは「もともと痩せていて、追跡期間中にさらにBMIが減少したグループ」でした。一方で、最も生存率が高かったのは「もともと過体重で経過中にBMIの変化がみられない」グループでした[4]。

もちろん、過度な肥満、サルコペニア肥満といった状態には対応が

図1-14 年齢別栄養管理のギアチェンジとグレーゾーンの個別対応

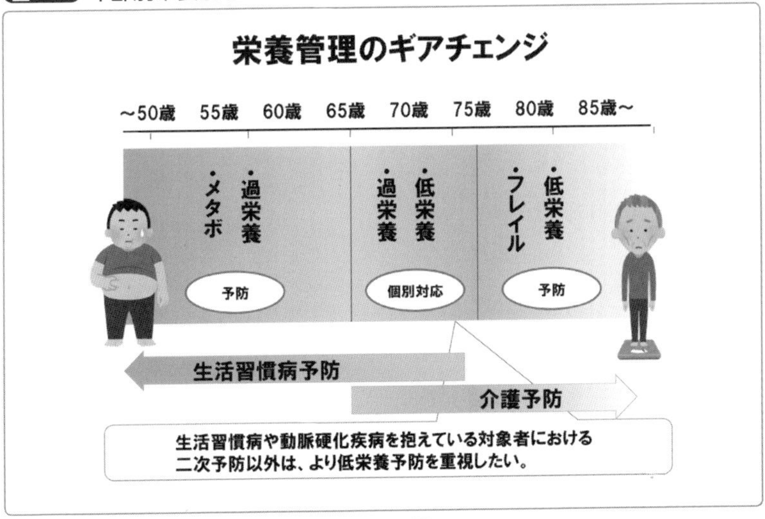

参考：葛谷雅文　医事新報　2016；4797：41-47

求められますが、私たちは年齢別で栄養管理の考え方を変えていかなければなりません（**図1-14**）。すなわち、高齢者ではむしろ3食きちんと、間食も含めてしっかり食べることが求められます。

それでは、実際に何を食べればよいのでしょうか。答えは明白で、食事バランスに富んだ多様な食品をとることで、私たちはすでにこの答えを知っているのではないでしょうか。

日本では2005年に厚生労働省と農林水産省が策定し、改訂された「食事バランスガイド（2020年版）」により、多様な食品を「何をどれだけ食べればよいのか」に関する目安が示されています。食事バランスガイドは、コマの形をしており、バランスがよくなければコマは回らず倒れてしまうこと、コマを回すのは身体活動・運動であることが表現されています。

男女約7万9,600人（40〜69歳）を平均約15年追跡した結果をみると、この食事バランスガイドを遵守している人ほど、死亡率が低いことがわかっています[5]。高齢者のフレイル予防においては、これに

図1-15 食事バランスとフレイル予防、たんぱく質の重要性

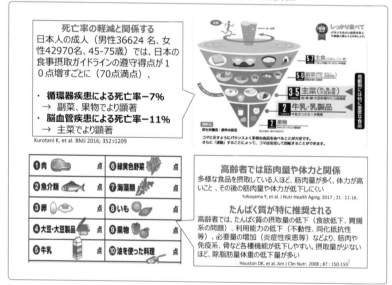

加えてたんぱく質（良質なアミノ酸）のほか、カルシウムやビタミンDといった身体をつくる役割をもつ栄養素を多くとることが推奨されます（図1-15）。

　高齢者では、食欲不振や胃腸系の問題でたんぱく質摂取量が低下しやすいだけでなく、摂取したたんぱく質を利用するための能力（同化抵抗性、インスリン耐性、不動性）が低下します。炎症性疾患等によりたんぱく質の必要量が高まることもあります。したがって、たんぱく質を多く摂取しなければ、筋肉減弱や骨、免疫系など各種機能の低下を来たします。実際、たんぱく質の摂取量が少ない人ほど、除脂肪量の減少量が多いことも報告されています[6]。

　このため「食事バランスガイド（2020年版）」では、高齢者の低栄養・フレイル予防が追記され、高齢者のたんぱく質の目標量が設定されました（図1-16）。高齢者では、1食に偏ることなく、毎食良質なたんぱく質を摂取しなければ、一日を通じて筋肉維持に有効なたんぱく合成を維持できないとされており、一日の合計を 1.2 〜 1.5g/kg 体重程度となることが必要だとされています。

図1-16　日本人の食事摂取基準（2020年版）の改訂とフレイル

日本人の食事摂取基準（2020年版）改訂
〜策定目的に「高齢者の低栄養・フレイル予防」が追加〜

- 健康の保持・増進
- 生活習慣病の発症予防
- 生活習慣病の重症化予防

→

- 健康の保持・増進
- 高齢者の低栄養予防・フレイル予防
- 生活習慣病の発症予防・重症化予防

フレイル予防におけるおもなポイント
- 「たんぱく質」、「カルシウム」、「ビタミンD」にフレイル予防の記載が追加。
- 「ビタミンD」は目安量が5.5μg/日→ 8.5μg/日。日光浴を心がけることを推奨。
- 高齢者の年齢区分が、「前期高齢者」、「後期高齢者」で新たに区分け
- 痩せを考慮し、前期高齢者の目標BMI範囲の最低値が引き上げ（20→21.5）

フレイル予防のためのたんぱく質摂取目標量（g/kg体重/日）

	男性			女性		
	活動レベル低	活動レベル中	活動レベル高	活動レベル低	活動レベル中	活動レベル高
65-74歳	1.18-1.59	1.38-1.85	1.58-2.12	1.11-1.50	1.32-1.78	1.52-2.02
75歳以上	1.14-1.51	1.33-1.76	-	1.08-1.43	1.27-1.70	-

身体活動レベル
「低」：生活の大部分が座位で、静的な活動が中心の場合
「中」：座位中心の仕事だが、職場内での移動や立位での作業・接客等、通勤・買物・家事、軽いスポーツ等
「高」：移動や立位の多い仕事への従事者、スポーツなど余暇における活発な運動習慣をもっている場合

たんぱく源は魚・肉・卵のみならず多様な食品に含まれており、多様な食材から摂取することが大切です。近年では、たんぱく質を多く含んだ食品がコンビニエンスストアでも手に入るようになったので、これらを活用することも可能です。

　高齢者にとって「食」は身体面のみならず、精神心理面や社会面にも大きな影響を及ぼします。すなわち、「しっかり食べる」の次は、「しっかり楽しむ」ことが大切です。近年、高齢者の孤独が喫煙や運動不足等よりも健康を害することが注目されており、食を通じて社会性を育むこと（共食）が推奨されています。柏スタディの研究成果でも、共食の高齢者は抑うつ傾向やフレイルの有病率が低いこと、一方で同居家族がいるにもかかわらず毎食1人で食事をする人が最もハイリスクであったことを報告しています[7][8]。

　同居家族がいるにもかかわらず孤食の状況となってしまう環境に問題がある可能性が高いですが、集団のなかにいても孤独感を感じる高齢者もいます。よって、単に集まって食事をすることを推奨はしていませんが、気の合う仲間や家族と食事をともにすること、促進する仕掛けを行うことは有効であると考えています。

　また、親密な人たちと共食をすることで、自然と食事摂取量が上がる食の社会的促進の効果も得られます[9]。高齢者では、食欲低下・胃腸系の問題から食が細くなりがちで、またそれに慣れてしまいますが、食欲低下はフレイルを通じて要介護リスクを高めます[10]。したがって、共食をすることで、失った食欲を自然と取り戻すこともあるかもしれません。さらに、特別な外食の機会は、その席に至るまでの楽しみにもつながり、人生の活気につながるのではないでしょうか。

　高齢者にとって、「食」は身体面・精神心理面・社会面にもしっかりと栄養を与えてくれる、まさにフレイル予防の最重要ポイントだと考えます。したがって、高齢者が食を整えるための生活環境の支援や、食を楽しむための工夫を講じる必要があります。

② 【口腔】口腔機能の維持：オーラルフレイル

高齢者はどのようなときに生きがい（喜びや楽しみ）を感じているのでしょうか。

平成25年度の内閣府の調査によると、「家族との団らんの時」「友人や知人との食事、雑談の時」「おいしい物を食べている時」と答えた人が多く、すべて口腔機能がかかわってくる場面であることがわかります[11]。実は近年、高齢者のフレイル予防において口腔機能に注目が集まってきています。

口腔機能の役割は多種多様です。摂食嚥下機能（食べる）に加え、味わうための脳神経系機能（楽しむ・味わう）、笑顔や言語による対話の円滑化といった社会的機能（話す・笑う）、誤嚥性肺炎や窒息予防に向けた呼吸器系機能（まもる）などもあります（**図1-17**）。高齢

図1-17 口腔機能の多くの役割
〜些細な衰えが積み重なると「オーラルフレイル」に〜

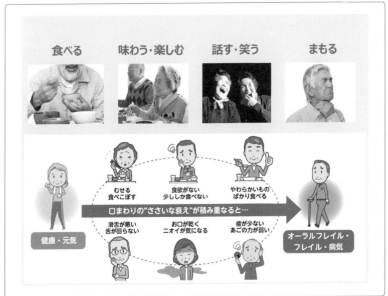

出典（イラスト部分）：平野浩彦・飯島勝矢・渡邊裕著「オーラルフレイルQ&A」
医学情報社、2017年

期では特に口腔機能を維持することがいかに重要かは疑う由もありません。

筆者らの研究グループでは、千葉県柏市在住の要介護認定を受けていない65歳以上高齢者2,011名に対して、歯数はもちろん口腔衛生状態なども包含した全16指標の口腔機能を評価しました[12]。その後、最大4年間にわたり全身のフレイルやサルコペニアを新たに発症したかどうか、要介護認定を新たに受けたかどうか、そして生存状態についての追跡調査を実施した興味深い報告があります。

その結果、全16指標のうち、6指標（客観的指標4項目、主観的指標2項目）に軽微な衰えが認められた人は全身のフレイルやサルコペニアが進み、要介護状態になりやすい傾向があることが明らかとなりました。具体的には調査開始時に、以下の客観的指標4項目（①〜④）または主観的指標2項目（⑤、⑥）に該当する人が挙げられました。

①残存歯数が20本未満

②総合咀嚼能力（ガムで評価した赤色吸光度が男性14.2未満、女性10.8未満）

③舌運動の力（最大舌圧が男性27.4kPa未満、女性26.5kPa未満）

④滑舌（オーラルディアドコキネシス※／タ／が男性5.2回／秒未満、女性5.4回／秒未満）

⑤半年前と比べて堅いものが食べにくい

⑥お茶や汁物でむせる

補足説明 補足説明：【オーラルディアドコキネシス】

　舌及び口唇の巧緻性を評価するものであり、パ、タ、カをそれぞれ一定時間（5秒間や10秒間等）に言える回数を測定し、1秒間あたりに換算して判定する。

近年では客観的な口腔指標と主観的な噛みにくさや飲み込みにくさ

が必ずしも一致するわけではなく、そこには抑うつ傾向といった心理的要因が潜在的に隠れている場合があるため、客観的指標のみならず主観的な指標加味して総合的に考える必要性が高まっています。このため、この6項目は自立高齢者のフレイル予防において重要な事項であると考えられます。

これらの6項目のうち、基準値を下回った指標が3項目を超えたオーラルフレイルの高齢者には、年齢の影響を考慮しても、教育年数が短く、収入が少なく、認知機能低下や抑うつの傾向にある者が多いという特徴がありました。さらに、噛みにくいという理由で肉類を食べない、食事を楽しめない者が多い傾向にもありました。しかしながら、基礎疾患には特に差はみられませんでした。

なにより、オーラルフレイル高齢者319名（16%）は、年齢などの多くの要因の影響を加味しても、すべて基準値を上回った健常者689名（34%）と比較して、全身のフレイルを発症するリスクが2.4倍、サルコペニア発症リスクが2.1倍でした。その結果として、要介護認定を2.4倍新たに受けやすく、総死亡リスクも2.1倍高いことが明らかとなりました（**図1-18**）。

この6項目は本人も気づいていないような些細な衰えを表す指標がほとんどでしたが、これらの重複が高齢期のフレイルやサルコペニア、そして要介護認定や死亡まで関連づけられたことは驚きの結果でした。

さらに、オーラルフレイルの高齢者は食事の満足度が低く、社会的フレイルにもあてはまる高齢者が多いことも明らかになりました（**図1-19**）。オーラルフレイル高齢者では「口の中の調子が悪いせいで、人とうまくしゃべれない、人とのかかわりを控える、人目を気にする」と回答した人が有意に多かったのです。ここから、オーラルフレイルは身体的な衰えのみならず、社会的フレイルをも呼び起こし、高齢期の生きがいをも奪ってしまっているのではと考えられます。

したがって、高齢期におけるオーラルフレイル予防・対策は不可欠

図1-18 オーラルフレイルは全身のリスクにつながる

図1-19 オーラルフレイルの高齢者は「食」「社会参加」に影響を及ぼす

です。まずは、自身の歯を保ち続けること、歯を失っても適切な義歯を入れ、かかりつけ歯科医をもって定期的に管理することが第一ではないでしょうか。そしてさらに、口腔機能の低下は年齢のせいだけにせず、しっかり噛んで飲み込んで、しっかり話して表情を動かすなど口腔機能を使うことを心掛けるだけでも大きく変わってきます。

さらに、2018（平成30）年春より、医療保険において「口腔機能低下症」という新しく保険収載された病名が出てきたことより、歯に対する今までの住民啓発に加え、さらに口腔機能を包括的に評価し介入していく大きな流れが起こっていくことは間違いありません[13]。このオーラルフレイルという新しい概念により、住民の口に対する健康リテラシーが向上し、かかりつけ歯科診療所をもち、口腔機能管理に定期的に通院するという国民運動（いわゆるムーブメント）が今まで以上に構築されることを願ってやみません。そして、歯科診療所において、口腔機能低下症を視野に口腔機能をトータルアセスメント、トータルサジェスチョンをしてもらえる時代に入っていくのではないでしょうか。

3 【身体活動】運動、意識的に身体を動かす

私たちは、運動習慣の重要性を幼い頃から継続的に教えられてきています。フレイル予防においても身体活動・運動はもちろん重要であり、食とともに身体を積極的に動かすことが求められます。

しかしながら、世界規模で、身体活動不足がパンデミック状態にあることはご存知でしょうか。2010年に、WHO（世界保健機関）は健康のための身体活動に関する国際勧告を発表しましたが、そこでは高血圧（13%）、喫煙（9%）、高血糖（6%）に次いで、身体活動不足（6%）が全世界の死亡に対する危険因子の第4位として位置づけています[14]。

また、The Lancet の身体活動特集号では、世界の全死亡数の9.4%（530万人）は身体活動不足が原因で、その影響の大きさは肥満や喫

煙に匹敵、世界的に「大流行している（pandemic な状態）」との認識が示されています[15]。

　身体活動不足は私たちが思っている以上に、大きな問題であることがわかります。WHO は現在のヘルスプロモーションとして、2030 年までに身体不活動者を 15％減らすことを目標とした Global action plan on physical activity 2018-2030 を提案しており、アクティブな社会・環境・人・システムを創造すべきとしています[16]。

　日本では、健康日本 21（第 2 次）において、日本人の 65 歳以上高齢者で運動習慣をもつ人は 2010（平成 22）年の段階で男性 47.6％、女性 37.6％となっており、2021（令和 3）年度には +10％とすることを目標としています。近年、運動習慣をもつ人は増加傾向にありますが、高齢期になると筋肉量や意欲の低下、環境の変化等もあり運動を継続すること、新たに運動習慣をもつことが困難になってくる場合もあります。フレイル予防においては運動習慣をもつことはもとより、生活活動を増やし、少しでも活発に動くことも重要です。

　身体活動には、運動と生活活動の大きく 2 種類が存在します（ 図1-20 ）。運動とは健康増進や体力の向上、楽しみなどの意図をもって、余暇時間に計画的に行われる活動のことです。一方で、生活活動とは、日常生活を営むうえで必要な労働や家事に伴う活動です。家事や買い物、社会参加も含めて、この生活活動を増やし蓄積していくことが、フレイル予防で着目されています。

　また、視点を逆転させ、じっとしている時間（座位行動時間）を減らすことも大切です。ここでは、フレイル予防に大切な身体活動のポイントを概説します。

　運動習慣の重要性を示唆する起源となった研究に「ロンドンバス研究」という研究があります。もう 70 年以上前の研究ですが、ロンドンバスの「運転手」と「車掌」を比較した場合、「運転手」の方が心臓病による死亡リスクが高いことが報告されました。切符切りを立ち作業を行う車掌よりも、座りがちな運転手のほうが身体的に不活発で

図1-20 「身体活動」と「運動」

あるためだと考えられています。

　また、座位行動時間が長く、生活活動が少ない不活発状態にある人は、死亡リスクが高いことが近年わかってきています（**図1-21**）。しかも、この負の影響は、息があがり汗ばむような運動習慣をもっていたとしても、死亡リスクが増加傾向にあることがわかっています[17]。運動習慣を持つことだけでなく、いかに日常生活を活発なものにするのがフレイル予防においても重要です。

　身体活動・運動はさまざまなフレイルの要素に恩恵をもたらします。真っ先に思い浮かぶのは筋・骨格系への影響です。高齢期でもレジスタンストレーニングを中心とした運動は、筋力や筋量の増加につながります。実際に90歳代の超高齢女性でも週3回のレジスタンストレーニングを2か月ほど実施すると、筋力の向上のみならず筋量も増加しています[18]。

　私たちが最も実践しやすいウォーキングといった低強度の有酸素運動では、生活習慣病の予防への有効性は認められるものの、筋力・筋

図1-21 アクティブな人を増やそう：運動と生活活動

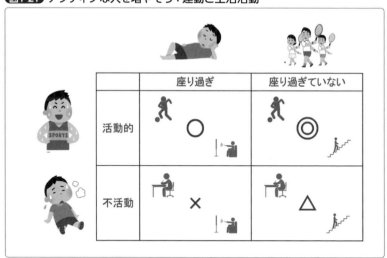

量を増大させるには限界があるとされています。特に高齢者では、高負荷の運動を3か月以上と、より長期間実施しなければならず、さまざまな理由で運動継続が難しい高齢者には酷な話かもしれません。しかし、近年では、30%程度の低負荷でも、反復回数と実施期間を増やすことで、一定の効果が期待できるとされています[19]。

　また、運動は多種多様であり、選択した運動の種類によって効力が異なります。高齢者では、一定の機能特化ではなく全般的に機能向上を図るトレーニングを実施することが大切です。したがって、長期的に考えると運動習慣がもてない高齢者では、生活行動の時間を増やし、少し汗ばむような低負荷の活動もできる限り織り交ぜることが重要だと考えられます。

　さらには、レジスタンストレーニングでなくとも地域で実践されている介護予防を目的とした取り組みに継続的に参加することもポイントです。実際に、フレイルの高齢者に介護予防プログラムを介入したところ、非参加者と比較して要支援・要介護リスクが軽減傾向にあることも報告されています[20]。高齢者がフレイルチェックのように住

民に身近な場所で早め早めに自身のフレイルに気づき、地域で開催されている介護予防の取り組み等に参加しやすい環境を整えることが重要です。実際に、地域でのフレイル予防に資する事業が多く展開されている自治体ほど、フレイルの発生率が低いという可能性が高いこともわかっています[21]。

第3章では、千葉県松戸市や大阪府寝屋川市における住民主体の通いの場の取り組みが紹介されていますので、各地域における取り組みの参考にしていただきたいと思います。

運動の有効性は一過性であり、継続しなければその恩恵は消えてしまうということになります。先ほど紹介した超高齢女性の報告には実は続きがあります[18]。しっかりとしたレジスタンストレーニング介入で、下肢筋力は一時的にかなり向上しましたが、介入終了後2週間後にはその効果は半減し、終了後1か月後には介入前以下まで減少しています。したがって、フレイル予防に資する身体活動・運動を考える際には健康行動に対する意識変容・行動変容を促し、継続的な自助努力も含めて実践していく仕掛けが必要です。

たとえば、目標設定やセルフモニタリング、仲間づくり等さまざまです。活動量計による歩数のモニタリングと、その振り返り日記をつけること、歩数の目標値を掲げることで、歩数が平均1日2,500歩程度向上することも知られています[22]。

フレイルチェックでは、フレイルサポーターと呼ばれる一定の講座を受けた高齢住民がその担い手となります。その際に、東京大学のスタッフや医療専門職が何でもかんでも教え、ときには代わりに実施してしまうことがあります。しかしながら、このよかれと思って行う行動には、高齢者を受け身にしてしまう危険性もはらんでいます。

身体活動・運動もそうですが、高齢者の健康行動を促進するポイントの1つとして、いかに自主的な活動を促し、自己効力感（自信）を高めるのかが鍵になると考えます。

◢ 【社会参加】社会・人とのつながり

　フレイルは多面性をもつ概念ですが、社会的なフレイル対策が実は
きわめて重要です。社会的フレイルは、現状では統一した見解や定義
はありませんが、おおむね「フレイルの悪循環を加速させ、健康に悪
影響を与える社会的リスク要因の重積した状態」であると考えられて
います。同時に、フレイルの概念から「不可逆的な状態とは異なり、
適切な介入・支援による予防や改善あるいはリスクの軽減が可能な状
態」と考えられます[23]。

　実は、社会的要因が健康状態に与える悪影響は、身体的な機能低下よ
りも先立って生じる可能性を示唆した研究も多数報告されており[24][25]、
高齢期の社会的フレイルは、早期から現れる解決すべき重要な課題と
いえます。

　近年、さまざまな社会的フレイルの評価方法が提案され、ADL障
害や要介護認定、死亡との関連も報告されています[24]～[27]。また、身
体的なフレイルとの重複が要介護や死亡のリスクを高めることも報告
されています[27]。いずれの指標も生活機能障害を予測し得る簡便で
有用なものです。

　このうち、社会的フレイルの構成概念として、予防・改善が見込め
るかあるいは然るべき支援によるリスク軽減が期待できる項目である
「閉じこもり傾向」「社会的ネットワーク（人とのつながり）の減少」
「社会的サポートの欠如」「支援可能な社会的脆弱な状況（一般・医療
資源へのアクセス、経済的困窮など）」が適当だと筆者は考えており、
社会的フレイルへの対応を含めて、多面的なフレイルへのアプローチ
が前提です（**図1-22**）。

　柏スタディにおいて、社会との接触（閉じこもり傾向、町外への外
出、外出頻度の低下など）や、友人とのつながり（月1回は食事を共
にする間柄の友人の有無、多様な関係性の友人の数）、家族とのつな
がり（多様な関係性の家族の数）といった社会的ネットワーク、主観
的な社会関係資本に加えて、社会的に脆弱な環境（独居あるいは同居

図1-22 社会的フレイルのポイントと多面的なフレイルへのアプローチの重要性

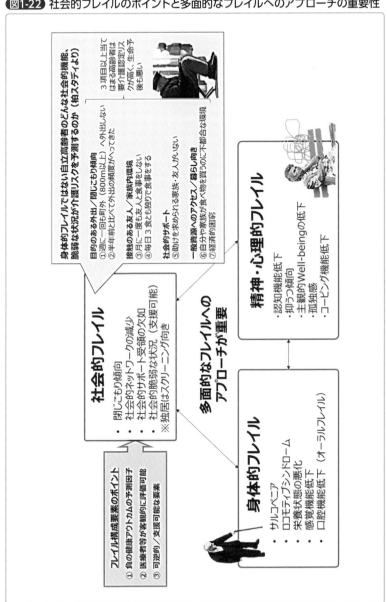

社会的フレイル
- 閉じこもり傾向
- 社会的ネットワークの減少
- 社会的サポート受領の欠如
- 社会的脆弱な状況（支援可能）
- ※独居はスクリーニング向き

フレイル構成要素のポイント
① 負の健康アウトカムの予測因子
② 医療者等が客観的に評価可能
③ 可逆的／支援可能な要素

**多面的なフレイルへの
アプローチが重要**

身体的フレイル
- サルコペニア
- ロコモティブシンドローム
- 栄養状態の悪化
- 感覚機能低下
- 口腔機能低下（オーラルフレイル）

精神・心理的フレイル
- 認知機能低下
- 抑うつ傾向
- 主観的Well-beingの低下
- 孤独感
- コーピング機能低下

**身体的フレイルではない自立高齢者のどんな社会的機能、
脆弱な状況が介護リスクを予測するのか（柏スタディより）**

目的のある外出／閉じこもり傾向
①週に一回も町外（800m以上）へ外出しない
②半年前に比べて外出の頻度が減ってきた

接触のある友人／家族内環境
③月に一度も友人と食事をしない
④毎日3食とも独りで食事をする

社会的サポート
⑤助けを求められる家族・友人がいない

一般資源へのアクセス／暮らし向き
⑥自分や家族が食べ物を買うのに不都合な環境
⑦経済的困窮

3項目以上当て
はまる高齢者は
要介護認定リス
クが高く、生命予
後も悪い

者がいても 3 食ともに食事を一緒にとらない間柄、助けを求められる
家族や親族の有無、経済的困窮、人生における大きな生活変化）など
合計 18 項目を評価し、5 年間の経過を追ってみました。この結果、
次の 7 項目の社会的な要因が介護認定リスクを高める傾向にあること
がわかりました。

①町外への外出が週に 1 回未満（目的のある町外への外出）

②半年前と比べて外出の頻度が減ってきた（社会との接触頻度の減少）

③月に一度程度、食事を一緒にする友人がいない（直接会う仲のよい友
　人の有無）

④助けを求められるくらい親しい家族・親族が 1 人もいない（家族・親族
　からの社会的支援の有無）

⑤独居あるいは同居者がいても孤食（同居者の有無と関係性）

⑥年金等を含めた年入が男性で 140 万円未満、女性では世帯収入が
　120 万円未満（経済的困窮）

⑦食事や社会的資源へのアクセスビリティ（利用しやすさ）が悪い

　これらの社会的な要因が重複した状態（社会的フレイル）は、要介
護認定リスクが有意に高くなってくることがわかってきました。すな
わち、社会的フレイルが身体的な衰えや生活機能障害につながってい
く可能性を示唆しています。

　そして、社会的フレイルの高齢者は、調査開始時に基礎疾患や
BMI、栄養指標に差がみられませんでした。それにもかかわらず、
たった 5 年間という短い期間でも介護リスクや死亡リスクが約 3.4 倍
近く高かったのです（図1-23）。

　今回の 7 項目のうち、「町外への外出や社会との接触の減少」と、
「月に一度は会う仲のよい友人の有無」という 2 項目は、個々人の環
境の違いにかかわらず、本人の意識変容により改善させることが可
能な要因です。一方、「家族・親族からの支援の有無」や「経済的困
窮」、「独居や同居者がいても孤食である家族環境」といった要因につ

図1-23 社会的フレイルは要介護の新規認定リスクが高い

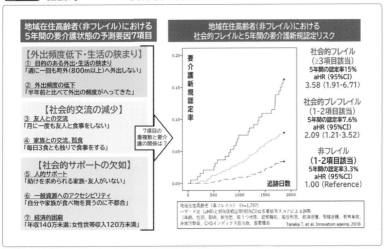

いても、周囲のかかわり・支援によって改善することが可能な要因です。これらを改善していくためには、フレイルサポーターのような地域における高齢期の居場所・役割づくりが重要です。

　高齢期の居場所・役割づくりについては、第3章において東京都文京区の取り組みを紹介していますので、こちらを参照ください。

　社会的フレイル対策を考える際に、性差を加味することがポイントです。フレイル発症に関係する社会的な要因を探索してみると、経済的困窮や一般資源（買い物や通院など）へのアクセスの悪さといった社会的に脆弱な環境は男女問わずにフレイルの予測因子でしたが、一般的に言われる独居とフレイル発症には関連性がみられませんでした（**図1-24**）。

　一方、高齢者の社会参加の在り方にも、性差で異なるポイントがみられました。具体的には男性では、外出頻度が低下し生活範囲が狭まっていくことや散歩や余暇での趣味やスポーツをしなくなることが、有意な予測因子でした。一方で女性は友人とのつながりが疎かになり、何もせずじっと座っている時間が増えてしまうことがフレイル

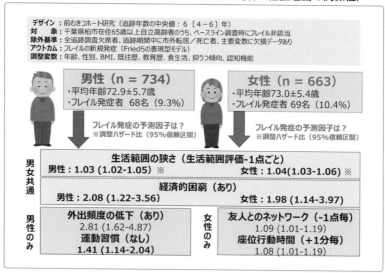

図1-24 社会的フレイルの性差（フレイル発症と身体・社会活動の関係性）

デザイン：前むきコホート研究（追跡年数の中央値：6［4–6］年）
対　象：千葉県柏市在住65歳以上自立高齢者のうち、ベースライン調査時にフレイル非該当
除外基準：全追跡調査欠席者、追跡期間中に市外転居／死亡者、主要変数に欠損データあり
アウトカム：フレイルの新規発症（Friedらの表現型モデル）
調整変数：年齢、性別、BMI、既往歴、教育歴、食生活、抑うつ傾向、認知機能

男性（n = 734）
・平均年齢72.9±5.7歳
・フレイル発症者　68名（9.3%）

女性（n = 663）
・平均年齢73.0±5.4歳
・フレイル発症者　69名（10.4%）

フレイル発症の予測因子は？
※調整ハザード比（95%信頼区間）

フレイル発症の予測因子は？
※調整ハザード比（95%信頼区間）

男女共通

生活範囲の狭さ（生活範囲評価-1点ごと）
男性：1.03 (1.02-1.05) ※　　　　女性：1.04(1.03-1.06) ※

経済的困窮（あり）
男性：2.08 (1.22-3.56)　　　　女性：1.98 (1.14-3.97)

男性のみ

外出頻度の低下（あり）
2.81 (1.62-4.87)
運動習慣（なし）
1.41 (1.14-2.04)

女性のみ

友人とのネットワーク（-1点毎）
1.09 (1.01-1.19)
座位行動時間（+1分毎）
1.08 (1.01-1.19)

の予測因子でした。

　また、両性ともに生活の範囲が狭くなることに注意が必要でしたが、男性では社会的なネットワークを最低限保てていれば、「趣味やスポーツ、就労といった熱中できる活動」など、目的をもって外出する場所をもち続けることが重要でした。一方で女性に関しては、座位活動時間が増えないように注意することを前提として、社会的なネットワークの広さ、特に友人との関係性を広く保ちながら、友人との交流を楽しむことが重要でした。

　したがって、男性には友人とのネットワークを拡げることを目的とした介入ではなく、ちょっとした就労やサロン運営などの役割と生きがいをもたせる介入が重要ではないでしょうか。実際、高齢男性の就労継続は精神健康や生活機能維持に有効であるとの調査もあります[28]。

　一方で、自立度の低下がみられ始め、社会的な孤立状態やフレイルの高齢者も含まれるような段階でも、経済的な困窮を含めた社会的に脆弱な環境に対する支援は両性で重要であり、加えて独居に対する見

守りや支援も必要になってきます。また、この段階では家族や友人とのインフォーマルな社会関係がより重要となります。

　毎日外出して孤立もしていない高齢者を比較して、高齢男性では毎日外出していても、社会的に孤立していると生活機能の低下が約2倍となってしまいます。女性では逆であり、たとえ社会的に孤立はしていなくても、外出頻度が1日1回以下の閉じこもり傾向だと生活機能の低下リスクが高くなることが知られています[29]。したがって、女性では社会的なつながりを維持しつつも、外食や旅行などの外出を伴う交流を心掛け、座位活動時間を減らす工夫が同様に重要です。

　一方で、男性は女性と比べて、友人・知人から孤立しやすい傾向にあります。これは、対人関係能力の性差もありますが、就労や趣味・スポーツなど、男性の社会参加の中心となっていた活動には比較的高い生活機能が求められることもその一因だと考えられます。したがって、男性では家族・親族との関係性が崩れていないかに配慮することが重要だと考えられます。実際、同居家族がいるにもかかわらず孤食といった「家庭内孤立」の高齢男性では死亡率が高いことが知られています[30]。

　社会的フレイル対策は、その人の自立度の違いや性差もありますが、自立度の違いや性差にかかわらず貧困や生活支援の必要性に目を向け必要な支援を行うことが重要です。しかしながら、社会参加の在り方には性差があり、それぞれの特性に合わせてかかわり方・支援の内容が異なるため、注意が必要です。

　最後に、社会参加の推進や人とのかかわりを高める対策を講じるうえでは、ただ集わせることが正解ではなく、集団のなかにいても心は孤独を感じている高齢者では抑うつ傾向がむしろ高いことも知られており、慎重な対応が求められます[31]。社会的処方の必要性が叫ばれる昨今、地域格差を産まないためにも、社会的フレイルへの対応をより体系的に行うことができるような仕組みづくりが急務であり、性差はきわめて重要な留意点です。

③ フレイルチェックの全国展開を支える 人材養成（市民活力）の基盤づくり

1 地域で暮らす高齢者がフレイル予防の担い手に

東京大学高齢社会総合研究機構の飯島勝矢教授は、「栄養（食・口腔機能）」「身体活動」「社会参加」というフレイルの3つの要素に着目した三位一体型の予防プログラム「フレイルチェック」（以下「FC」という）を完成させました。3つの要素に着目した各種事項について、あらかじめ用意された測定方法のもとで、市民ボランティアであるフレイルサポーターが協力をしてFCを行います（**図1-25**）。

結果はただちにその場で実感をもって本人に明らかになるので、生活習慣病における血液検査等の結果に比べて、高齢者自身が自らの心身の状態に気づきやすく、フレイルサポーターの励ましと相まって、住民が自分事化することにより自ら改善に取り組むことにつながります。

図1-25 「市民主体」で取り組む総合的な1次予防

フレイルチェックは、市民サポーターが行うことで、より効果がある。

| フレイル予防のための 市民サポーター養成講座 | 新たな健康増進活動：市民の手による、 市民のためのフレイル予防 |

座学（2時間）と実技研修（2時間）　　地域サロンでのフレイルチェック

①フレイルチェック（FC）の概要とフレイルサポーター

　FCは、「柏スタディ」から得た知見を基盤とし、産学官の有識者による度重なるディスカッションを経て産まれました。FCはフレイル兆候への気づきと自分事化を促すことを目的としたプログラムであり、地域住民主体かつ集団で行われる点が特徴です。

　FCの参加者は、22の測定項目について、基準を満たした場合は青シール、満たさない場合は赤シールをチェックシートに貼り付けることで、栄養・身体活動・社会参加を含む多面的なフレイルの兆候をその場で自覚できます。また、所定の養成研修を受講した地域のフレイルサポーターが、プログラムの進行や測定を担い、標準化された教材（フレイルサポーター養成テキスト）によるアドバイスや地域情報の提供までを担っています。

　FCは住民主体の集団で行う笑いの絶えないエンターテインメント性をもち、フレイルサポーターや周囲の参加者がロールモデルにもなり得ます。周囲の仲間のポジティブな行動変容が自身の行動変容や習慣化を強め合う効果も期待できます。

　FCはすでに全国多くの自治体に拡がっており、2020（令和2）年度末までには、全国73の自治体で導入され、フレイルサポーターも1,500名を超えています。

②フレイル予防を担う地域人材育成（フレイルサポーター養成）

　こうしたフレイル予防活動を継続的に続けていくためには、その担い手を養成する仕組みが大変重要です。また、地域でフレイルサポーターを養成しながら、これまでのフレイルサポーターも交えてフレイルへのさまざまな対策を学び合い、自分事化し、さらに地域のFCの

図1-26 指輪っかテスト（左）とイレブン・チェック（右）

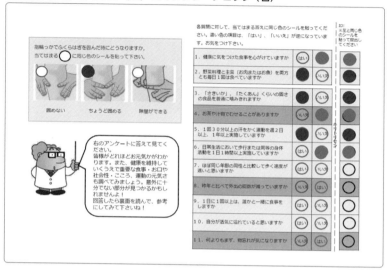

図1-27 フレイルチェック（FC）の実際

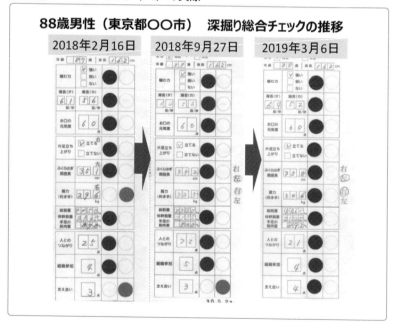

取り組みを進めていく流れが地域に連鎖的に根差す仕組みが重要です。まさに、「住民主体のまちづくり」という視点からの健康増進事業や介護予防事業の見直しという、新しい地域づくりのときが来ているのです。

　これらを実現するために、フレイルサポーターを養成するシステムが重要であることから、これまでの千葉県柏市での実践にもとづき、フレイルサポーターの資格要件・養成課程等、市区町村における養成マニュアルやルールづくり等についてまとめた「フレイルサポーター養成等に関するガイドライン」（**図1-28** 参照）を作成しています。市区町村において、フレイルサポーターの養成を行うにあたっては、ぜひ参考にしていただければと思います。

　FC は、介護予防事業として市区町村が事業主体となり、そのデータの管理等も行いますが、実際の FC は市民が主体となって行うものです。このため、FC の質はフレイルサポーターの力量に左右される

図1-28 フレイルサポーター養成等に関するガイドライン

ことから、フレイルサポーターは一定のレベル以上の知識や技術を
もっていなければなりません。

　したがって、フレイルサポーターは市区町村が養成・認定すること
としており、フレイルサポーターの力量に著しい差が生じないために
養成課程の適切な運営や認定要件等をあらかじめ定めておく必要があ
ります。これにより、得られた均質な記録の全国集計や比較が可能と
なり、地域ごとの比較分析や自治体間の意見交換やサポーター同志の
交流などにもよい効果を上げることにつながってきます。

　この養成研修では、単に機器測定やチェック項目を正しくできるよ
うにすることだけではなく、FC後の市民への接し方、地域にあるさ
まざまな健康に資する資源の紹介なども同時に行います。たとえば、
FCの結果で、自分の予想以上に赤シールが多く、ふさぎ込んでいる
高齢者に対しては、「FCの項目は練習すれば必ずもとに戻せる項目
ばかりで、頑張れば赤シールから青シールへ変えられますよ。私もそ
うやって毎日心がけて、1枚ずつ青にしたの」といった声かけなども
研修で覚えていきます。

　地域のつながりの大切さなど、同じ地域に住む同年代だからこそで
きるピア・コミュニケーションは、フレイルサポーター自身の健康や
やりがいにもつながってくることを研修の場でも学び、地域でそれを
実践します。

③専門職も病院から地域へ（フレイルトレーナーも同時養成）

　フレイルは身体面だけではなく、精神心理面、そして社会面など、
多面的概念であることから、地域におけるフレイル予防にはさまざま
な専門職もかかわるべきです。従来、介護予防等にかかわる専門職は
おもに2次予防に従事してきました。しかし、理学療法士など多くの
専門職がもつ知識やスキルは、1次予防の領域においても一般の地域
住民へのフレイル予防の場においても貢献が期待されています。

　FCにおいても、自治体でフレイルサポーターを養成するうえで、
サポーターの指導者・助言者として理学療法士等の専門職をフレイル

トレーナーとして養成しています。フレイルトレーナー養成についてもフレイルトレーナー養成等要領としてまとめており、**2**にその資格などについて記していますので参考にしてください。

多くの自治体では2〜3名程度のフレイルトレーナーが養成されますが、2020（令和2）年から「上級フレイルトレーナー制度」を新設し、現在6名が全国でのサポーター養成（含むトレーナー養成）研修事業に従事しています。

④フレイルサポーター養成を通して明らかになってきたこと

2019（令和元）年度末時点では全国66自治体でFCが導入され、多くのフレイルサポーターが活躍しています。自治体におけるこのフレイルサポーターの継続的な育成計画がこの事業をよい方向に牽引していることがわかってきました。

具体的には次のような事例が挙げられます。

＜フレイルサポーターへの男性参加の高まり＞

一般的に男性高齢者は地域ボランティア活動にはなかなか入ってこないという現実がありますが、FCを導入した多くの自治体で、男性高齢者がフレイルサポーターとして活躍される割合が多くなってきています。フレイルの概念を根拠と共に学ぶことで、女性ばかりではなく、男性で共感する人が増え、サポーターとなって推進側に立つ人が出てきています。

＜サポーター連絡会の結成とグループワークなどの活動＞

フレイルサポーターの取り組みに行政側が過剰な介入をし過ぎると、サポーターの主体性が損なわれ、むしろ依存心が強くなってしまうことがあります。FCを導入している自治体では、サポーター連絡

会などを結成し、FCの結果や活用について、グループワークなどの場を積極的に設けています。これにより、フレイルサポーター同士で、地域のさまざまな課題や、フレイル予防への取り組みについて討議するなかで新しい提案が出てきています。FCを活用することで地域住民同士の主体性や行動力が生まれ、より大きなフレイル予防効果につながってきています。

2 フレイルサポーターの養成

　東京大学高齢社会総合研究機構はフレイルサポーター養成ガイドラインの要点をまとめました。

＜フレイルサポーター養成、認定および運用の主体＞

　フレイルチェックの運営主体である市区町村がフレイルサポーターを養成、認定し、運用します。

＜フレイルサポーターになるための資格要件＞

・ボランティアとして、自らが居住する地域で開催されるFCやフレイル予防、健康づくりなどのイベント等に参加し、協力ができること。
・ 表1-3 に示す「フレイルサポーター養成研修」の課程を修了す

図1-29 各種養成テキスト

ること。

＜フレイルサポーターの役割＞

・市区町村の要請により、FC の実施・運営に携わること。

・市区町村の要請により、市区町村が行うさまざまなフレイル予防
や健康づくりのイベント等に参加、協力すること。このため、フ
レイル予防、健康づくりに関する最新の情報を講演、研修、書籍
等から収集し、地域に提供する姿勢を有すること。

＜フレイルサポーター養成研修＞

・ **表1-3** の課程を修了すること（時間は目安）。

表1-3 フレイルサポーター養成研修課程

ⅰ　座学研修 （2 時間）	●フレイルサポーター活動の心得
	●フレイルとは？　サルコペニアとは？
	●栄養（食・口腔機能）、運動、社会参加の三位一体の重要性
	●個人情報保護と参加同意
	●フレイルチェックの流れ
	●現場の盛り上げ方
	●その他 FC 実施に必要な知識
ⅱ　実技研修 （2〜3 時間）	●滑舌テスト
	●片足立ち上がりテスト
	●下腿周囲径測定
	●握力測定
	●四肢骨格筋量測定
	●その他 FC 実施に必要な技術
ⅲ　研修テキスト・ 機材 （研修は下記指定の ものを使用する）	●フレイルサポーター養成テキスト
	●FC 表（簡易チェック、深掘りチェック、質問票、アンケート）
	●フレイル予防ハンドブック
	●各種測定機器（握力計、体組成計、滑舌測定器等）

フレイルトレーナーによる模範指導の下で、研修課程 i ～ ii をそれぞれ１日ずつ、合計２日間で行うか、または i 、ii を合わせて１日で行います。なお、研修以外に、自主的に練習を組み入れて、実技の練度を高める機会を設けるなどの工夫も行われています。

＜フレイルサポーターの知識および技術の維持向上＞

FC の運営主体である市区町村は、FC の円滑な運営やそのデータの品質を維持するため、勉強会等の開催やフレイルサポーター連絡会等の立上支援等の手段を用いて、フレイルサポーターとしての知識及び技術の維持向上に努めることを推進しています。また、フレイルサポーター手帳等を活用してフレイルサポーターの意欲を維持することも行われています

＜個人情報の管理＞

フレイルサポーターが現場で得た個人の FC の結果や、FC を介して地域で得た個人情報等については市区町村がすべて管理するものとし、フレイルサポーターがこれを独断で管理することはありません。

３ フレイルトレーナーの養成

＜フレイルトレーナーの任務＞

・市区町村等の要請により、フレイルサポーターおよびフレイルサポーターリーダーの養成を行う。

・地域の健康づくり、フレイル予防事業に積極的な姿勢をもち、地域住民や市区町村と良好な関係をとりながら、フレイルサポーター養成をとおして、市民へ健康やフレイル予防のアドバイスなどを行う。

・フレイル予防、健康づくりに関する最新の情報を、東京大学高齢社会総合研究機構をはじめ学会や文献や地区フレイルトレーナー連絡会等さまざまな情報ソースから収集し、地域に提供する努力を行う。

・フレイルチェックのデータの質を維持するため、フレイルサポー

ターの意識向上はもとより、フレイルサポーターの日々の活動に
対して必要なアドバイスを行う。

＜フレイルトレーナーになるための資格要件＞

フレイルトレーナーになるためには、下記のいずれかの資格を満た
すことを必要とします。

・医師、歯科医師、薬剤師、看護師、栄養士、理学療法士、柔道整
復師、介護福祉士、保健師等の専門職または大学、専門学校等で
医療・介護にかかわる専門教育もしくは高齢者を対象にした健康
づくり、地域活動等の一定の教育課程を履修した者。
・市区町村または民間において、一定の期間介護予防事業、健康づ
くり活動に従事し、その実績が認められる者で、上記資格に準じ
る知識があると市区町村が認めた者。
・フレイルサポーターの経験をもち、リーダー格として活動し、東
京大学高齢社会総合研究機構飯島勝矢教授または市区町村から、
トレーナーへの昇格の推薦等を得られた者・ボランティアとして、
自らが居住する地域で開催されるフレイルチェックやフレイル予
防、健康づくりなどのイベント等に参加し、協力ができること。
・前記の「フレイルサポーター養成研修」の課程を修了すること。

引用文献

1. Tanaka T, Takahashi K, Akishita M, et al. "Yubi-wakka" (finger-ring) test: A practical self-screening method for sarcopenia, and a predictor of disability and mortality among Japanese community-dwelling older adults. Geriatr Gerontol Int. 2018 Feb;18(2):224-232.2018 Feb;18(2):224-232.

2. 吉澤 裕世, 田中 友規, 高橋 競, 藤崎 万裕, 飯島 勝矢. 地域在住高齢者における身体・文化・地域活動の重複実施とフレイルとの関係. 日本公衆衛生雑誌. 2019 年 66 巻 6 号 p. 306-316.

3. Satake S, Senda K, Hong YJ, et al. Validity of the Kihon Checklist for assessing frailty status. Geriatr Gerontol Int. 2016 Jun;16(6):709-715.2018 Feb;18(2):224-232.

4. Murayama H, et al. Trajectories of Body Mass Index and Their Associations With Mortality Among Older Japanese: Do They Differ From Those of Western Populations? Am J Epidemiol. 2015 Oct 1;182(7):597-605.

5. Kurotani K, et al. Quality of diet and mortality among Japanese men and women: Japan Public Health Center based prospective study. BMJ 2016;352:i1209 ; doi: 10.1136/bmj.i1209.

6. Houston DK, et al. Dietary protein intake is associated with lean mass change in older, community-dwelling adults: the Health, Aging, and Body Composition (Health ABC) Study. Am J Clin Nutr. 2008;87:150-155.

7. Kuroda A, et al. Eating Alone as Social Disengagement is Strongly Associated With Depressive Symptoms in Japanese Community-Dwelling Older Adults. J Am Med Dir Assoc. 2015 Jul 1;16(7):578-85.

8. Suthutvoravut U, et al. Living with Family yet Eating Alone is Associated with Frailty in Community-Dwelling Older Adults: The Kashiwa Study. J Frailty Aging. 2019;8(4):198-204.

9. Ruddock HK, et al. A systematic review and meta-analysis of the social facilitation of eating. Am J Clin Nutr. 2019 Oct 1;110(4):842-861.

10. Tsutsumimoto K, et al. Aging-related anorexia and its association with disability and frailty. J Cachexia, sarcopenia and muscle. 2018 Oct;9(5):834-843.

11. 内閣府. 高齢者の地域社会への参加に関する意識調査結果（全体版）. 平成 25 年.

12. Tanaka T, Takahashi K, Hirano H, et al. Oral Frailty as a Risk Factor for Physical Frailty and Mortality in Community-Dwelling Elderly. J Gerontol A Biol Sci Med Sci. 2017 Nov 17. doi: 10.1093/gerona/glx225.

13. Minakuchi S, Tsuga K, Ikebe K, et al. Oral hypofunction in the older population: Position paper of the Japanese Society of Gerodontology in 2016. Gerodontology. 2018 June 08. doi: 10.1111/ger.12347.

14. World Health Organization. Global Recommendations on Physical Activity for Health. 2010.
https://www.who.int/publications/i/item/9789241599979.

15. Ding Ding, et al. The economic burden of physical inactivity: a global analysis of major non-communicable diseases. The Lancet. 388, 10051, 1311-1324, 2016.

16. World Health Organization. Global action plan on physical activity 2018–2030: more active people for a healthier world. https://www.who.int/ncds/prevention/physical-activity/global-action-plan-2018-2030/en/.

17. Aviroop Biswas, et al. Sedentary Time and Its Association With Risk for Disease Incidence, Mortality, and Hospitalization in Adults ～ A systematic Review and Meta-analysis. Ann Intern Med. 2015;162(2):123-132.

18. Fiatarone MA et al. High-intensity strength training in nonagenarians. Effects on skeletal muscle. JAMA263(22) : 3029-3034,1990.

19. Csapo R and Alegre LM. Effects of resistance training with moderate vs heavy loads on muscle mass and strength in the elderly: A meta‐analysis. Scandinavian Journal of Medicine & Science in Sports. 26, 995-1006. 2015.

20. Makizako H, Shimada H, Doi T, et al. Effects of a community disability prevention

program for frail older adults at 48-month follow up. Geriatr Gerontol Int, 17(12): 2347-2353, 2017.

21. Sato K, Kondo N, Kondo K. Rotating savings and credit association, its members' diversity, and higher-level functional capacity: A 3-year prospective study from the Japan Gerontological Evaluation Study. Geriatr Gerontol Int. 2019;19:1268–1274.

22. Bravata DM, et al. Using pedometers to increase physical activity and improve health: a systematic review. JAMA. 2007 21;298(19):2296-304.

23. Andrew, M.K., et al., The impact of social vulnerability on the survival of the fittest older adults. *Age Ageing*, 2012. 41(2): p. 161-5.

24. Makizako, H., et al., Social Frailty Leads to the Development of Physical Frailty among Physically Non-Frail Adults: A Four-Year Follow-Up Longitudinal Cohort Study. *Int J Environ Res Public Health*, 2018. 15(3).

25. Teo, N., et al., Social Frailty and Functional Disability: Findings From the Singapore Longitudinal Ageing Studies. *J Am Med Dir Assoc, 2017*. 18(7): p. 637 e13-637 e19.

26. Garre-Olmo, J., et al., Prevalence of frailty phenotypes and risk of mortality in a community-dwelling elderly cohort. *Age Ageing*, 2013. 42(1): p. 46-51.

27. Yamada, M. and H. Arai, Social Frailty Predicts Incident Disability and Mortality Among Community-Dwelling Japanese Older Adults. *J Am Med Dir Assoc*, 2018. 19(12): p. 1099-1103.

28 Fujiwara,Y., et al. Engagement in paid work as a protective predictor of BADL disability in Japanese urban and rural community-dwelling elderly residents: An 8-year prospective study. *Geriatric Gerontology International, doi: 10.1111/ ggi.12441*.

29. Fujiwara,Y., et al. Synergistic or independent impacts of low frequency of going outside the home and social isolation on functional decline: A 4-year prospective study of urban Japanese older adults. *Geriatrics & Gerontology International, 2017. vol.17,no.3,p.500-508*

30. Tani, Y., et al. Eating Alone Yet Living With Others Is Associated With Mortality in Older Men: The JAGES Cohort Survey. *J Gerontol B Psychol Sci Soc Sci. 2018 Sep 20;73(7):1330-1334. doi: 10.1093/geronb/gbw211*.

31. Harry Owen Taylor, et la. Social Isolation, Depression, and Psychological Distress Among Older Adults. J Aging Health. *2018 Feb;30(2):229-246. doi: 10.1177/0898264316673511. Epub 2016 Oct 17*.

　みなさんの地域では、フレイルに該当する人の割合（以下「フレイル割合」という）をどのように把握していますか。介護予防・フレイル予防施策を行っていくうえで、地域診断や評価のためにフレイル割合を把握しておくことは重要です。日本では、地域在住高齢者のフレイル割合を報告した研究がいくつかあります。しかし、どれも限定的な地域での研究であり、他の地域でその結果を活用することが難しい状況でした。

　そこで、「全国高齢者パネル調査」という全国代表サンプルのデータを用い、65 歳以上の地域在住日本人高齢者全体のフレイル割合を算出しました。この調査は、1987（昭和 62）年から実施されています。2012（平成 24）年に行われた第 8 回調査では、調査員が対象者のお宅を訪問し、調査票を使った聞き取り調査、握力や歩行速度といった身体機能の測定を行いました。

　フレイルの判断は、世界で最も使用されている Fried らの指標を用いました（「からだの縮み」「疲れやすさ」「活動の少なさ」「動作の緩慢さ」「弱々しさ」の 5 つ）。5 つのうち、3 つ以上に該当すればフレイル、1 つ〜 2 つならプレフレイル、0 なら健常と判断します。

　対象者の偏り（例：より高齢の対象者が調査参加者に含まれやすく、実際の人口構成よりも年齢が高い）を調整したうえで算出したフレイル割合は8.7% でした。この割合は、欧米、アジアを含めた諸外国に比べると低いものです。なお、プレフレイルは 40.8%、健常は 50.5% でした。

　また、女性であるほど、高齢なほど、社会経済的状態が低い（学歴が低い、所得が低い）ほど、フレイル割合が高いこともわかりました。さらに、地域ブロック別で算出してみると、西日本で高く、東日本で低い「西高東低」の傾向がみられました。

　今回の対象者は地域在住高齢者ですが、要介護認定を受けながら地域で生活を送っている人たちも含めていますので、結果を解釈する際には注意する必要があります。しかし、地域在住の日本人高齢者全体のフレイル割合を調べた研究はこれまで存在しておらず、そのため介護予防・フレイル予防に関する施策の評価のための基準値・目標値になり得る知見といえます。

村山洋史

（東京都健康長寿医療センター研究所 社会参加と地域保健研究チーム 研究副部長）

図 地域ブロック別でのフレイル割合

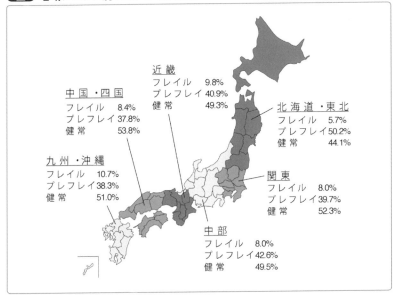

近畿
フレイル　　　9.8%
プレフレイ　40.9%
健常　　　　49.3%

中国・四国
フレイル　　8.4%
プレフレイ　37.8%
健常　　　　53.8%

北海道・東北
フレイル　　5.7%
プレフレイ　50.2%
健常　　　　44.1%

九州・沖縄
フレイル　　10.7%
プレフレイ　38.3%
健常　　　　51.0%

関東
フレイル　　8.0%
プレフレイ　39.7%
健常　　　　52.3%

中部
フレイル　　8.0%
プレフレイ　42.6%
健常　　　　49.5%

参考文献

● Murayama H, Kobayashi E, Okamoto S, Fukaya T, Ishizaki T, Liang J, Shinkai S. National prevalence of frailty in the older Japanese population: Findings from a nationally representative survey. *Archives of Gerontology and Geriatrics*, 91, 104220, 2020.

Column フレイルの改善に寄与する日常行動とは？

　フレイルの特徴の1つは可逆性を有する点です。つまり、フレイルになっても非フレイルの状態に戻ることができるということです。では、日常生活でどのような行動をしている人がフレイルから非フレイルへと改善しやすいのでしょうか。

　私たちは兵庫県養父市在住の高齢者を対象に、2012（平成24）年と2017（平成29）年の2回、郵送調査を実施しました。日常の行動・習慣として、農作業、買い物、運動習慣、食習慣、知的活動、社会参加、喫煙に着目しました。

　2012年にフレイルと判定された高齢者1,136名のうち、2017年調査時には173名（15.2%）が非フレイルへと改善していました。フレイルの改善と関連していた要因は、農作業、知的活動、社会参加でした（ 図 ）。また、同研究から、農作業、運動習慣（週3日以上）、知的活動、社会参加は非フレイルからフレイルへの進行を予防する因子であることも明らかとなりました。

　養父市は農業が盛んな地域であり、多くの研究参加者（全体の65%）が農作業を実施していました。他の地域でも同様の結果が得られるかについては、今後さらなる研究が必要ですが、農作業がフレイルの改善に寄与することを示した興味深いデータといえます。また、フレイルの改善における知的活動や社会参加の重要性はいくつかの先行研究でも示されています。フレイルになっても、日常生活において健康的な行動を心がけていくことでフレイルを改善することができると考えられます。

阿部　巧
（東京都健康長寿医療センター研究所 認知症未来社会創造センター 研究員）
Swinburne University of Technology, Centre for Urban Transitions, Research
Affiliate

図 フレイルの改善因子

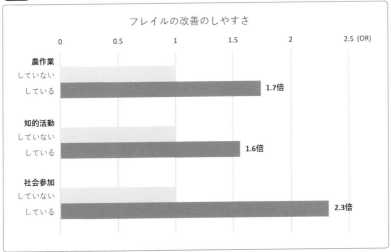

フレイルの改善のしやすさ

農作業
していない
している　1.7倍

知的活動
していない
している　1.6倍

社会参加
していない
している　2.3倍

参考文献 ···

● Abe et al. Healthy lifestyle behaviors and transitions in frailty status among independent community-dwelling older adults: The Yabu cohort study. Maturitas 136, 54–59, 2020.

市民活力のエンパワメント
～仕掛けから継続的な実践まで～

　人生 100 年時代といわれている今、さらなる健康寿命の延伸が求められています。その実現のために大きな期待を寄せられているのが「フレイル予防」です。

　フレイルとは、加齢に伴う予備能力の低下により、さまざまなストレスに対する抵抗力・回復力が低下した状態です。フレイルには筋力低下などの身体的な問題のみならず、認知機能障害やうつなどの精神・心理的問題、さらに孤立や経済的困窮などの社会的な問題も含まれています。

　特に、社会とのつながりを失うことがフレイルになる入口であると考えられ、健康長寿を実現するには、地域において、仲間とともに主体的に地域活動を行うなど、「社会とのつながり」を保つことが重要です。そのためには主役である地域高齢者の活力が必要であり、その活力をエンパワメントする仕掛けや工夫が求められています。

❶ 住民主体の活動をエンパワメントするには

　地域活動を主体的に行うためには、まず住民主体活動の例を知ることが重要です。毎年、厚生労働省では、「健康寿命をのばそうアワード」として全国各地域で介護予防等についてすぐれた活動を行っている団体等を表彰しています[1]。

　表彰された団体の活動内容をみると大きく 4 つの種類があることがみえてきました。具体的には、①対象者の生活を支援する「サポートタイプ」、②対象者の能力を伸ばす「教育タイプ」、③住んでいる地域を盛り上げる「まちづくりタイプ」、④自分と対象者を楽しませる「発信タイプ」です。

　実際には、1 つの団体がいくつかのタイプの活動内容をもっていることも少なくありません。また、これらのタイプに優劣はありません。重要なのは、住民主体活動を長く続けるために、自分に合う活動

をみつけることです。

このほかに、地域を超えて全国規模で展開している住民主体活動として「フレイルチェック」活動があります[2]。フレイルチェックは参加者のみならず、フレイルチェックの担い手であるフレイルサポーター（地域の元気高齢者によるボランティア）においても、活躍の場として重要な役割を果たしています。

フレイルサポーターはフレイルチェックの活動を通じて得た学びや経験からフレイル予防の伝道師として自身の健康観が高まることや、地域貢献への気持ちが強くなるといった、いわゆる自己効力感が向上することがわかってきました。また、フレイルサポーターをさらなる地域のフレイル予防コーディネーターとしてエンパワメントすることで、生活支援や居場所づくりなども含めた地域の包括的なフレイル予防活動を推進し、地域全体のエンパワメント向上につながることが期待できます。

② 地域情報の提供や行政の支援

全国のフレイルサポーターを対象に「住民主体活動に必要なこと」について調査を行った結果、「活動の情報発信」「行政からの支援」を課題とする声が多数ありました。その声から、活動に必要な地域情報や行政の理解・支援策を示すことがフレイルサポーターをエンパワメントし、住民主体活動の活性化につながると考えました。

活動に必要な情報については、住民が働きたい、誰かの役に立ちたい、出かけたい、学びたいなど、何かの活動をしたいと考えた場合、その活動に必要な情報を取集できる窓口（地域包括支援センター、生活支援コーディネーター等）が地域のどこにあるかをまとめて、伝えることが重要です。

また、活動団体を立ち上げたい場合は、住んでいる地域に活動をサポートする人、場所、資金などのどのような資源が地域にあるかを考えること、相談する場所などを伝えることが必要です。

このサポートにおいては、地域に置かれている地域包括支援センターや生活支援コーディネーターの役割が重要になると考えられます。また、住民が複数の地域活動に参加することは、住民一人ひとりが地域に詳しくなることに加え、行政との信頼関係を強めることが重要であることがわかりました。

行政にとっても、より多くの住民に地域活動に参加してもらい、主体的な活動へ展開してもらうことがフレイル予防につながる認識は住民と共通しています。行政と住民のパートナーシップを強めるためには、住民と行政、お互いがフレイル予防活動に対する相手の状況（してほしいこと・してほしくないこと、できること・できないことなど）を正しく理解することが何より重要です。

第3章では、住民主体の活動が活発な高知県仁淀川町や山口県防府市の取り組みを紹介していますので、ぜひ参考にしていただければと思います。

❸ ウィズ・ポストコロナ社会での 住民主体活動の創意工夫の紹介

2020（令和2）年は新型コロナウイルス感染症の影響により、地域での多くの住民主体活動が制限されました。感染予防のために、活動を自粛することは仕方がないことですが、感染を恐れるあまり閉じこもり気味になると「生活不活発」になり、2次健康被害が懸念されます。このため、活動制限のなかでもフレイル予防、仲間とのつながり、活動継続のために、工夫できる方法を紹介することが住民活動のエンパワメント向上につながります。

工夫の1つとして、従来の活動にインターネットを用いたオンライン活動を組み合わせることが考えられます。実際、全国のフレイルチェック活動では「新たな生活様式」を見据えた活動再開に向けて、オンラインの集いを行い、導入自治体のサポーター、トレーナー、行政、アカデミアが同時にオンラインでつながり、活動再開に向けた

疑問・不安や工夫点などを画面越しで顔をみながら、知恵を出し合って議論を深めることができました。

　このようなオンラインでの集いを仕掛けて物理的に距離をとらないといけない状況でも活動ができるように工夫することが、エンパワメント向上につながります。また、個人でオンライン参加が難しい場合は、行政が参加できる環境の整備を支援することも住民主体活動を後押しする支援方法の1つです。

　また、オンライン参加ができなかった仲間のために、集いの様子がわかるよう情報を共有していくバックアップも大事です。情報を共有していくことで、仲間意識を高めることができるほか、最近の活動や工夫点など、自分が活動する自治体以外の情報も知ることもできます。情報共有の具体的な方法としては、たとえば、YouTube で映像を共有する、紙媒体のニュースレターを配布するなどが考えられます。

　市民活力のエンパワメント向上のためには、住民主体活動の好事例を紹介すること、地域活動に参加・活躍するのに役に立つ情報をまとめて紹介すること、フレイル予防活動という共通認識のもと、行政との信頼関係を深めることが重要であることを示しました。さらに、新型コロナウイルス感染症の影響で委縮しがちな活動内容や頻度に関しても工夫できる具体的な仕掛けや実践事例を紹介しました。

　住民の力を最大限に引き伸ばし、健康長寿社会づくりの担い手としてエンパワメントすることで、住民主体の継続性のある健康増進活動がまちづくりのなかで展開され、「快活な健康長寿まちづくり」につながることを期待しています（**図1-30**）。

図1-30 フレイル予防を軸とする住民主体活動のイメージ

引用文献

1. 厚生労働省ホームページ「健康寿命をのばそう！アワード」
https://www.smartlife.mhlw.go.jp/award/

2. 飯島勝矢、ほか.「厚生労働科学研究費補助金（長寿科学総合研究事業）「虚弱・サ
ルコペニアモデルを踏まえた高齢者食生活支援の枠組みと包括的介護予防プログラ
ムの考案および検証を目的とした調査研究」平成24年度 - 平成26年度総合研究報告
書.2015

第4節 機能が落ちてもまだ大丈夫
～短期集中予防サービスとリエイブルメント～

フレイルとは、「健康な状態と要介護状態の中間地点」であり、また、「しかるべき適切な介入により機能（予備能力・残存機能）を回復することができる」状態であることが特徴ですが、前虚弱状態（プレフレイル）を含めるとその状態像にはかなりの幅があります。

これまでの節では、「元気な人」を対象としたフレイル予防を中心に解説してきましたが、この節では、要支援認定を受ける状態の方（要支援者と基本チェックリスト該当者）に対するアプローチとして、介護予防・日常生活支援総合事業（以下「総合事業」という）の短期集中予防サービス（訪問型サービスC、通所型サービスC）を中心に紹介します。

① 要支援者は機能の回復が可能か

要支援者等に対してどのようなサービスを提供すれば改善を図ることができるのでしょうか。厚生労働省は、要支援者等に必要な予防と生活支援のサービスを明らかにするために、2012（平成24）年度からの2年間のモデル事業として、要支援1から要介護2までの高齢者を対象に市町村介護予防強化推進事業[1]（予防モデル事業）を実施しました。

図1-31 は、予防モデル事業における自立支援の考え方です。要支援者は買い物等がしづらくなったことを受け、介護保険サービスを利用するために要支援認定を申請します。したがって、サービス利用開始時には、多くの場合、家事援助等の生活支援サービスが提供されるのが通常です。

しかし、同時に専門職等による通所と訪問を組み合わせた一定期間の予防サービスが提供され、それによりもとの生活に戻すことができれば（または可能な限りもとの生活に近づけることができれば）、生活支援サービスの提供量は最小限のレベルまで減少していきます。ま

図1-31 予防モデル事業における要支援者等の自立支援の考え方

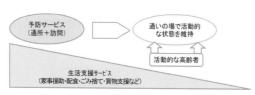

- 要支援者等に対し、一定期間の予防サービスの介入(通所と訪問を組み合わせて実施)により、元の生活に戻す(又は可能な限り元の生活に近づける)ことを行い、その後は、徒歩圏内に、運動や食事を楽しむことのできる通いの場を用意して、状態を維持する。
- 活動的な高齢者にサービスの担い手となってもらうなど、地域社会での活躍の機会を増やすことが、長期的な介護予防につながる。

予防サービス
(通所＋訪問)

通いの場で活動的
な状態を維持

活動的な高齢者

生活支援サービス
(家事援助・配食・ごみ捨て・買物支援など)

自分で行うことが増えるにつれて、生活支援サービスの量が必要最小限に変化

・通所に消極的な閉じこもりがちの対象者は、当初は訪問で対応しながら、徐々に活動範囲を拡大。(用事を作り外出機会を増やす、興味・関心を高め外出の動機付けを行うなど)

出典：厚生労働省作成資料

た、高齢者自身で管理ができるようになれば、それ以上の専門職の関与は不要であり、その後は、徒歩圏内に運動や食事を楽しむことができる通いの場を用意するなどして状態を維持することになります。

　なお、要介護認定は介護の手間で認定されるため、その心身の状態を正確に表現することは難しいのですが、認定調査結果をみれば、**図1-32** のとおり、要支援1・2では買い物等のIADLに支援が必要ではありますが、ADLは自立レベルです。要介護2になると、排尿・排便や移動、衣服の着脱に介助が必要な方が増えていきます。

　このモデル事業の結果は **図1-33** 、**図1-34** のとおりです。地域の集いなどに参加する人の割合が高くなり、生活や行動に広がりがみられるようになるとともに、更新申請を行わなかった人や非該当になった人の割合が高くなりました。厳密なデザインで比較しているわけではありませんので、介入群と対照群の心身の状態等は必ずしも同一とはいえませんが、要支援1〜要介護2の認定者のなかに、このような考え方でサービス提供を行うことで、1年後に更新申請を行う必要がない人が「含まれている」ことは明らかです。

図1-32 要支援1〜要介護2の認定調査結果

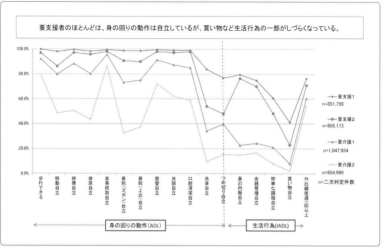

※平成23年度要介護認定における認定調査結果（出典：認定支援ネットワーク（平成24年2月15日集計時点））

図1-33 予防モデル事業における利用者の変化

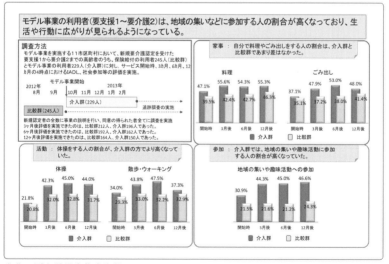

出典：厚生労働省作成資料

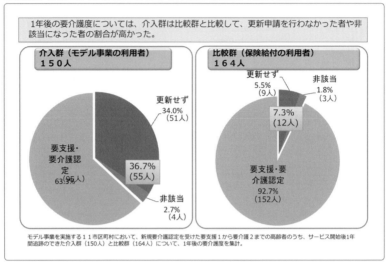

図1-34 予防モデル事業における1年後の利用者の要介護度

1年後の要介護度については、介入群は比較群と比較して、更新申請を行わなかった者や非該当になった者の割合が高かった。

介入群（モデル事業の利用者）150人

更新せず
34.0%
(51人)

要支援・要介護認定
63.3%（95人）

36.7%
(55人)

非該当
2.7%
(4人)

比較群（保険給付の利用者）164人

更新せず
5.5%
(9人)

非該当
1.8%
(3人)

7.3%
(12人)

要支援・要介護認定
92.7%
(152人)

モデル事業を実施する11市区町村において、新規要介護認定を受けた要支援1から要介護2までの高齢者のうち、サービス開始後1年間追跡のできた介入群（150人）と比較群（164人）について、1年後の要介護度を集計。

出典：厚生労働省作成資料

　また、むしろ着目すべきは、これまでの保険給付では9割以上が要支援・要介護認定を継続しているということです。つまり、これまでの予防給付ではまず要支援認定が不要になるような効果はみられなかったということです。2012（平成24）年度に行われた、予防給付のリハビリテーションサービス（訪問リハビリテーションや訪問看護、通所リハビリテーション）に関する調査でも、終了率は5%未満[2]と、延々とリハビリテーションが続けられている実態が明らかになりました。

　なぜ、モデル事業のようなサービス提供が難しいのでしょうか。**図1-35**はこのモデル事業の流れですが、モデル事業のような結果を実現するためには、まず、利用者に対して、❶自分でできることを増やしていくことが目標であり、利用するサービスの量が少なくなっていくことについて、あらかじめ同意を得る必要があります。さらに、❷アセスメントにもとづく支援方針や到達目標について関係する多職種（地域包括支援センター、ケアマネジャーのほか、リハ職、歯科

図1-35 予防モデル事業における自立支援の流れ

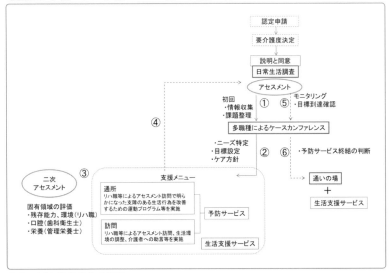

出典：厚生労働省作成資料

衛生士、管理栄養士等）が合意するとともに、❸通所と訪問を組み合わせた効果的な支援メニューを検討し、❹支援メニューを提供しながら、各専門職による2次アセスメントを実施し、生活支援サービスの量や内容を調整していきます。また、サービス終結を判断する際も、❺モニタリングの結果、目標到達を確認したうえで、通いの場や（できない部分のみの）生活支援サービスにつなぐことになります。

　しかし、このプロセスの一つひとつに阻害要因があるのが実態でした。たとえば、利用者であれば、❶保険料を払っているのだから給付は権利と考え、「自立」を目標とするのではなく、「使わなきゃ損」という発想になることがあります。また、利用するサービスや事業所を決めて申請することも少なくなく、その場合、アセスメントの内容と提供されるサービスが必ずしも関係しないこともあります。

　さらに、提供者や専門職側も、❷多くの場合、要支援者は通所介護のみ、訪問介護のみといったいわゆる単品サービスの提供になるため、地域包括支援センター（ケアマネジャー）と多職種が連携してア

セスメントを行わない場合がある、❸訪問介護と通所介護は別のサービスであるため、それらを組み合わせた支援はあまり行われない、❹各専門職の2次アセスメントを受けてのサービス提供内容の調整の機会はモニタリングが行われる3か月に一度、❺サービス終結後の受け皿がない、といったことが挙げられます。そのほか、経営上の判断としてサービスの終結は単純に利用者の減少を招くので継続利用ありき、といった事実もあります。

このような阻害要因を取り除き、自立支援を進めるためには、当時の予防給付の訪問介護と通所介護や2次予防事業のままでは難しく、そこで2015（平成27）年度から総合事業に移行することになりました。同時に、包括的支援事業の社会保障充実分として地域ケア会議の強化が図られ、また、介護保険の給付以外の多様な生活支援を充実させるため、生活支援体制整備事業が創設されました（第2章第1節参照）。

❷ 短期集中予防サービス（訪問型サービスC、通所型サービスC）

総合事業において、このモデル事業の成果を受けて例示されたのが、短期集中予防サービス（訪問型サービスC、通所型サービスC）です。

短期集中予防サービスの最大の特徴は、基本3か月とあらかじめ期限が定められていること、つまり、サービスが終了することです。予防給付においては、訪問介護や通所介護はもちろん、訪問リハビリテーションや通所リハビリテーションでも、リハビリテーションの期限は定められていません。しかし、短期集中予防サービスは、単に機能回復訓練のみを実施するのではなく、「生活行為の改善」を目的としており、3か月のサービス終了時に評価を行い、「社会参加に資する取組」につなぐことが想定されています。

なお、評価の結果、サービスの継続が生活行為の改善に効果的であると判断された場合のみ、最大6か月までサービスを継続してもよい

表1-4 短期集中予防サービス（訪問型サービスC・通所型サービスC）の概要

●**サービス内容**
- 保健・医療の専門職が、居宅や地域での生活環境を踏まえた適切な評価のための訪問を実施したうえで、おおよそ週1回以上、生活行為の改善を目的とした効果的な介護予防プログラムを実施する、3〜6か月の短期間で行われる短期集中予防サービス

●**単価**
- サービスの内容に応じ、市町村が適切な単価の設定を行うものとする。なお、保健・医療の専門職が関与するものであることから、国が定める単価を上限とするものではない。

●**留意事項（抜粋）**
- 個別的な支援を中心とする短期集中予防サービスであることから、3か月を経過した時点で評価を行い、たとえばサービス担当者会議等のカンファレンスを開催し、サービス終了後も引き続き社会参加に資する取組が維持されるよう配慮すること。ただし、カンファレンスの結果、サービスの継続が生活行為の改善に効果的であると判断された場合には、最大6か月までサービスを継続してもよい。
- サービス終了後は、余暇やボランティア活動、地域の通いの場等の社会参加、一般介護予防事業、通所型サービスB等の社会参加に資する取組を継続できるよう配慮すること。

出典：地域支援事業実施要綱

とされています。また、単価は、保健・医療の専門職が関与するものであることから、2次予防事業と同様、市町村が設定することができ、利用者負担を求めないこともできます。

　なお、個別にみていきますと、通所型サービスCは「個人の活動として行う排泄、入浴、調理、買物、趣味活動等の生活行為に支障のある者を対象に、保健・医療の専門職が、居宅や地域での生活環境を踏まえた適切な評価のための訪問を実施したうえで、おおよそ週1回以上、生活行為の改善を目的とした効果的な介護予防プログラムを実施する」サービスです。

　最大のポイントは、必ず居宅を訪問し、支障をきたしている生活行

為の原因を「居宅や地域での生活環境を踏まえ」、適切にアセスメントすることにあり、目標は、ICF の概念に基づき、日常生活の活動を高め、家庭や社会への参加につなげることが置かれます。また訪問型サービス C は、「特に閉じこもり等の心身の状況のために通所による事業への参加が困難」な人を対象にしており、通所型サービス C が優先されます。ただし、効果的な取り組みができると判断される場合は通所型サービス C と組み合わせて実施することもできます。

　ちなみに、短期集中予防サービスと訪問リハビリテーションや通所リハビリテーションとの違いをみてみると、短期集中予防サービスは保健・医療の専門職のなかでも、特に理学療法士と作業療法士が中心になりますが、直接、徒手的な治療手技による理学療法を行いません。行うのは利用者の評価や個別プログラムの作成、生きがい、役割

表1-5　自立支援に向けた介護予防ケアマネジメントの視点

- 自立支援に向けた介護予防ケアマネジメントは、要支援者等が有している生活機能の維持・改善が図られるよう、ケアマネジメントのプロセスを通じて本人の意欲に働きかけながら目標指向型の計画を作成し、地域での社会参加の機会を増やし、状態等に応じ、要支援者等自身が地域の支え手になることを目指すものである。

- 特に ADL・IADL の自立支援では、在宅生活で要支援者等の有する能力が実際に活かされるよう支援することが重要であることから、必要に応じて地域リハビリテーション活動支援事業を活用し、日常の環境調整や動作の仕方などの改善の見極めについてアドバイスができるリハビリテーション専門職等が、ケアマネジメントのプロセスに関与していくことが望ましい。
  さらに、この場合は、訪問で居宅での生活パターンや環境をアセスメントし、通所では訪問で把握した生活行為や動作上の問題を集中的に練習するなど、訪問と通所が一体的に提供されることが効果的である。具体的には、①通所型サービス C や訪問型サービス C を組み合わせる、又は②地域リハビリテーション活動支援事業による生活環境のアセスメントと他の通所型サービスや一般介護予防事業を組み合わせる、などが考えられる。

出典：厚生労働省「介護予防・日常生活支援総合事業ガイドライン」

を取り戻すための助言などです。したがって、診療の補助に該当しない範囲の業務にあたり、医師の指示は不要です。

また、モデル事業でも重視されていたように、介護予防ケアマネジメントが非常に重要で、特にアセスメントや地域ケア会議に多職種の参加が求められます。アセスメント時については一般介護予防事業の地域リハビリテーション活動支援事業（地域における介護予防の取組を機能強化するために、通所、訪問、地域ケア会議、サービス担当者会議、住民運営の通いの場等へのリハビリテーション専門職等の関与を促進する事業）で実施されます。

総合事業のガイドラインでは、 表1-5 のとおり、介護予防ケアマネジメントにおいて、「リハビリテーション専門職等が、ケアマネジメントのプロセスに関与していくことが望ましい」とされています。

❸ 短期集中予防サービスの提供内容と動機づけ面談

短期集中予防サービスの具体的な提供内容については、首都大学東京が作成したマニュアル[3] 等で示されていますが、市町村によって相違があります。大きく区分すると 図1-36 のとおり、2パターンに整理できます。

大きな違いは、要支援者へのサービス提供において、原則全員に短期集中予防サービスを提供するか、相談窓口等で適切なサービスを振り分けるかで、フローが大きく変わります。それぞれにメリットデメリットがありますが、本書では、原則全員実施型について、豊明市のほか、筆者が立ち上げに関与した寝屋川市や防府市の取り組みを事例として掲載しています（大阪府寝屋川市 249 頁、愛知県豊明市 259頁、山口県防府市 271 頁参照）。

そして、短期集中予防サービスでは特に、自信や意欲に働きかけることに特徴があります。たとえば、253 頁で紹介されている寝屋川市の事業では、理学療法士等が中心となり、必要に応じて管理栄養士、歯科衛生士も加わって、毎週20分間（状況に応じて 10 ～ 30 分間）

図1-36 サービスCの実施形態のパターン整理

	パターン① 原則全員実施型	パターン② サービス対象者抽出型
目的	給付サービスの入り口として機能し、サービス自体をアセスメントの場として捉え、その後の生活を支える上で必要なサービスを検討する	専門職が集中的に介入し、高齢者の状態の改善を図る
内容	利用者の生活や家族の状態を把握した上で、利用者の運動機能等を向上させるため、低負荷な運動指導などを行うケースが多い。	専門職の指導のもと、マシンを使ったトレーニングなど、強度の高い運動等を実施。日常生活動作の改善に必要な機能の回復を図るケースが多い。
実施形態	・教室型（開始時期が定められ、複数人が同時にサービスの提供を受けるケースが多い）・個別機能訓練型（年間のどのタイミングからでも開始が可能なケースが多い）	
対象者	新規認定者（事業対象者含む）全員	廃用症候群の方など改善可能性の高い高齢者に絞り込む
対象者の絞込み方法	新規認定者（事業対象者含む）全員を対象とするため、絞込みは行わない	フロー図等を定め、相談窓口で対象者を適切なサービスに振り分けるほか、自立支援型地域ケア会議など他職種で判断するケースが増える
単価	サービス単価は、5,000円/人・回程度が平均と想定される。①よりも②の方が高単価になっている傾向がある。収益の安定性を鑑み、月額あるいは年額で単価を定めるケースも多い。参考）現行相当サービス 訪問 月12,000円～35,000円程度 通所 月15,000円～35,000円程度	
メリット	対象者の振り分けのノウハウがなくても実施が可能	対象者の状態に応じたサービスの提供が可能
デメリット	受け入れ体制の確保が困難 利用者の状態像が多岐にわたり、パワーリハのような負荷の高い運動を一律に実施することは難しい	対象者の振り分けには適正サービスに振り分ける目利きのノウハウが必要になるため、窓口での振り分けが難しい 社会参加への連携や、ケアマネジメントの質に左右される
実施事例	寝屋川市、豊明市、佐伯市、能美市	生駒市、和気町、竹田市、袖ヶ浦市、国立市、米沢市、津山市、一宮市、金沢市、広島市

出典：平成30年度厚生労働省老人保健健康増進等事業「地域における介護予防の取組に関する調査研究事業報告書」野村総合研究所

の「動機づけ面談」を実施しています。介護保険サービスに頼らない自立した生活のためには、単に利用者の運動機能や口腔機能を向上させたり、栄養改善を図ったりするだけでなく、利用者が自身の体調や活動量などを管理できる「セルフマネジメント力」を身につける必要があるからです。

「動機づけ面談」で、理学療法士等と利用者が毎週、日々を振り返り、話し合うことによって、利用者が自身の可能性に気づき、もとの生活を取り戻すための暮らし方を知り、意欲的に自分で自分を管理できるようになれることが重視されます。

❹ 奈良県生駒市における短期集中予防サービスの実績

モデル事業にも参加し、サービス対象者抽出型の代表例として名高いのが奈良県生駒市[4]です。生駒市には要支援者が約1,200人いますが、いわゆるお守り認定の方を除くと、実際にサービスを利用しているのは半数程度です。生駒市はそれらの要支援者を❶集中介入

図1-37 生駒市の通所型サービスCの実績（平成28年度）

	実人数	卒業	一般介護予防事業	ボランティア	セルフケア	多様なサービス	給付	中断
パワーアッププPLUS教室	96人	62人	37人	8人	17人	21人	3人	10人
パワーアップ教室	111人	76人	47人	2人	27人	16人	4人	15人
転倒予防教室	45人	37人	29人	2人	6人	1人	2人	5人
合計	252人	175人	113人	12人	50人	38人	9人	30人
	100%	70%	45%	5%	20%	14%	4%	12%

※「多様なサービス」は、「通所型サービスC」の継続者および「ひまわりの集い」への参加者である。通所型サービスCは基本的に3ヶ月で卒業となるが、最長で半年まで利用が可能である。
「中断」は、3ヶ月の利用中に病気が悪化して入院するなど状態が一時的に悪化して中断してしまった方々である。
「中断」の中で、一部、給付に移行した方がおり、その数が給付にカウントされている。

出典：田中明美・北原理宣著、服部真治編著「地域でつくる！介護予防ケアマネジメントと通所サービスC」社会保険研究所、2017年

図1-38 奈良県生駒市の予防給付、総合事業決算額と後期高齢者数

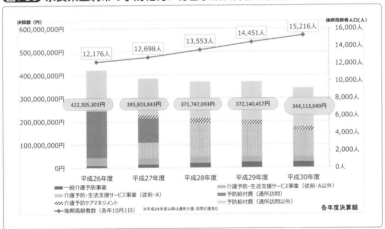

出典：奈良県生駒市作成資料

期、❷移行期、❸生活期に振り分け、サービスを提供していますが、**図1-37**のとおり、2016（平成28）年度の実績では、そのうち252人が通所型サービスCを利用し、7割に当たる175人が卒業していま

す。卒業後は、ボランティアを始めたり、セルフケアで自立して生活したり、一般介護予防事業の通いの場や地域住民主体の通いの場に移るなどしています。短期集中予防サービスの参加者で給付に移行したのは、わずか9人、4%でした。

この成果は予防給付・総合事業の決算額にも反映されており、後期高齢者数が増加しているにもかかわらず、給付額が減っていくという結果になっています（**図1-38**）。

⑤ リエイブルメントと海外での効果検証

リエイブルメントは、デンマークやイギリス、オーストラリア、ニュージーランド、ノルウェー、カナダなどで実践されている、我が国の短期集中予防サービスと同様のコンセプトのプログラムです。類似のプログラムに回復ケア（restorative care）と呼ばれるものもあり、オーストラリアでは **表1-6** のように整理されています。

イングランドでは、集中的な介入の前に主に理学療法士や作業療法士が利用者の自宅に訪問してアセスメントを行ったうえで、身体機能の回復だけでなく、社会生活の回復も目標として、計画作成およびサービスプランの作成を行い、回復に必要なサービスを提供します。なお、サービスには福祉器具の提供やその利用訓練なども含まれます。

表1-6 リエイブルメント・回復ケアの概要

	概要
リエイブルメント	失われた機能に適応したり、活動を再開するための<u>自信や能力</u>を取り戻すために特定の目標や期待するアウトカムに向けて行う<u>期間限定の介入</u>
回復ケア	機能低下後の機能回復や改善または回避可能な<u>ケガを防ぐため</u>に行われるような、ヘルスワーカーによるエビデンスベースの<u>期間限定の介入</u>

出典：日本介護支援専門員協会「ケアマネジメントの公正中立性を確保するための取組みや質に関する指標のあり方に関する調査研究事業　報告書」（平成30年度厚生労働省老人保健健康増進等事業）から一部抜粋（下線は筆者）

リエイブルメントはこれらの国でもまだ歴史が浅く、その効果に関する研究もまだまだ多くありません。ADL について、リエイブルメント・サービスを受けることで他のサービスに比べて有意に能力が改善するという研究[5] や、QOL の改善についていくつか肯定的な結果[6] がありますが、多くは観察研究にもとづくもので、RCT による検証は現時点では少数です。

しかしながら、ウェールズにおいては、リエイブルメントを受けた人の 70% 以上がその後の継続的支援を必要としなかったと報告され[7]、そのため、報告書ではサービス利用者だけでなく地方自治体や地域保健局への財政的な効果もあるとされています。費用対効果については、オーストラリアにおいて、リエイブルメントは既存のサービスに比べてサービス提供時間が短く、費用も安くなり、在宅サービスの利用減による費用は 5 年間で一人当たり約 1 万 2,500 オーストラリアドルであると推定されました。また、2 年間の追跡調査後も、リエイブルメントの利用者はそれ以外のサービスの利用者に比べて、状態像がよく、費用も安かったという研究[8] があります。

● おわりに

デンマーク、イギリス、オーストラリアなどでは、リエイブルメントは第一選択されるサービスとして位置づけられています。しかし、わが国では、短期集中予防サービスはあくまでも総合事業の一例に過ぎず、実施するかどうかはあくまでも市町村の選択に委ねられており、要支援者等のうち、実際に利用しているのはわずか 1% 程度です。また、そのサービス内容も自治体によってまちまちで、効果的なプログラムが実践されているかどうか定かではありません。

生駒市や豊明市、寝屋川市などが確かな実績を挙げていることを考えれば、今後は、他市町村への横展開が求められます。しかし、事業の実践面においては、サービス提供が原則 3 か月で終了することから、事業フローやプログラムだけでなく、新規要支援認定者数に応じ

た提供事業者数の制限など、市町村によるサービス量の需給コント
ロールが必要となると考えられます。

　また、関与する専門職には、利用者の可能性を見出し、意欲を引き
出して個別の目標を立て、利用者がセルフマネジメント力を身につけ
るための支援が求められ、そのための技法としての「動機づけ面談」
の重要性を認識する必要があると考えられます。

　また、全世代型社会保障検討会議の中間報告[9]でも「エビデンス
に基づく政策の促進」や「介護インセンティブ交付金の抜本強化」が
提言されています。総合事業における短期集中予防サービスの効果に
ついて、より活発な研究あるいは実践が進められることを期待したい
と思います。

注 ....

1) 厚生労働省「市町村介護予防強化推進事業報告書～資源開発・地域づくり実例集～」
平成 26 年 3 月
（http://www.mhlw.go.jp/seisakunitsuite/bunya/hukushi_kaigo/kaigo_koureisha/
yobou/jitsurei.html）

2) 平成 24 年度厚生労働省老人保健健康増進等事業「要支援者・介護の IADL 等に関す
る状態像とサービス利用内容に関する調査研究事業報告書」三菱 UFJ リサーチ＆コ
ンサルティング株式会社

3) 公立大学法人首都大学東京「平成 28 年度老人保健健康増進等事業「介護予防・日常
生活支援総合事業における効果的な IADL 改善プログラムの開発に関する研究事業」
報告 , 総合事業における効果的な IADL 改善プログラム実践マニュアル」2017

4) 田中明美・北原理宣著, 服部真治編著「地域でつくる！介護予防ケアマネジメント
と通所型サービス C―生駒市の実践から学ぶ総合事業の組み立て方―」社会保険研
究所, 2017

5) Tuntland, H., et al.,Reablement in Community-dwelling Adults: Study Protocol for a
Randomised Controlled Trial. British MC Geriatrics, 14, 139.2014.

6) Glendinning, C., et al.,Home Care Re-ablement Services: Investigating the Longer-
term Impacts (Prospective Longitudinal Study). Social Policy Unit, University of
York.2010.

7) Social Services Improvement Agency, Position Statement on Reablement Services
in Wales. Cardiff: Social Services Improvement Agency.2013.

8) Lewin, G., et al., A Comparison of the Home-Care and Healthcare Service Use and
Costs of Older Australians Randomised to Receive a Restorative or a Conventional
Home-care Service. Health and Social Care in the Community, 22, 328-336.2014.

9) 全世代型社会保障検討会議中間報告
https://www.kantei.go.jp/jp/singi/zensedaigata_shakaihoshou/pdf/cyukanhoukoku_
r011219.pdf

　高齢者は、退職、子どもの独立、配偶者の死別など、人とのつながりが大きく変化しがちですから、友達などと一緒に食事をする時間はつながりの維持にも重要な役割を担っていることが考えられます。また、食事は単なる栄養素の摂取だけでなく、精神的な健康を保つ上で重要な役割を担っているといわれています。

　そこで、孤食（一人で食事をとること）の高齢者がうつ症状を発症しやすいのかについて検証しました。

　具体的には、調査時点でうつ症状がない高齢者約 4 万人を 3 年間追跡し、孤食か共食（人と一緒に食事をすること）かで、3 年後のうつ症状発症との関連を分析しました。孤食となるかどうかは世帯状況に影響を受けるため、同居（誰かと暮らしている）か独居（ひとり暮らし）かの違いを考慮したところ、独居の高齢者男性の場合、共食の人と比べて孤食であった人のほうが抑うつ傾向に至った確率が 2.7 倍、女性では独居・同居にかかわらず 1.4 倍程度、孤食の人が抑うつ傾向に至りやすいことがわかりました。

　独居高齢者は孤食になりがちですから、なんらかの共食の機会を増やすことで高齢者の抑うつ傾向の発症を予防する施策が有効と考えられます。高齢者に対する食事の支援においても、配食サービスよりも会食会などのほうが、要介護状態へのリスク要因である抑うつ傾向を予防する効果が期待できるといえるでしょう。

　また、同居しているにもかかわらず孤食の高齢者には、同居家族での共食を促す取り組みなどをしていくことも、抑うつ傾向の予防に効果があると思われます。

服部真治

図 高齢者の孤食とうつ発症との関連

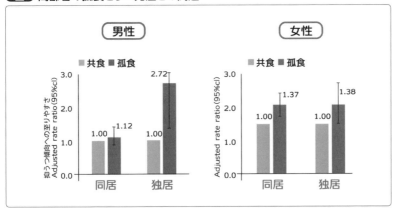

出典：Tani Y, Sasaki Y, Haseda M, Kondo K, Kondo N: Eating alone and depression in older men and women by cohabitation status: The JAGES longitudinal survey. Age Ageing 44 (6): 1019-1026, 2015

Column 友達や親戚などとの付き合いの頻度が週1回未満になると健康リスク

　高齢者は体力や活動意欲の低下、友人の死亡など、さまざまな理由で他者との交流頻度が少なくなりがちです。

　そこで愛知県下の6市町村で、約1万2,000人の要介護認定を受けていない高齢者を10年にわたって追跡した結果、10年前の時点で他者との交流頻度が乏しかった人ほど、要介護や認知症、死亡に至っている人が多いことが明らかになりました。

　具体的には、10年前に「毎日頻繁」に人と交流していた人と比べて、「月1～週1回未満」の人たちは、1.3～1.4倍程度、要支援を含む要介護認定、要介護2以上の要介護認定、認知症を伴う要介護認定に至りやすく、さらに、「月1回未満」にまでなると、要介護認定だけでなく、1.3倍程度、死亡に至りやすいことがわかりました。

　なお、性別や年齢、治療疾患の有無、物忘れの有無などの影響を取り除いた結果であり、交流頻度が「1日1回程度」～「週1～2回未満」の人は、「毎日頻繁」の人と有意な差は認められませんでした。

　人が社会から孤立することを「社会的孤立」といいますが、他者との交流が少ない高齢者はまさに「社会的孤立」状態にあるといえるでしょう。この結果からは、健康リスクになるほどの「社会的孤立」状態は、他者との交流頻度が週1回未満の状態からといえます。

　フレイル対策としては、少なくとも週1回の交流頻度を維持できるような施策が求められることを示唆しています。

服部真治

図 同居者以外の他者との交流頻度によるその後の健康リスクの相違

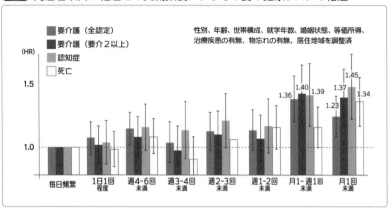

出典：斉藤雅茂, 近藤克則, 尾島俊之：健康指標との関連からみた高齢者の社会的孤立
基準の検討：10 年間の AGES コホートより. 日本公衆衛生雑誌 62 (3): 95-105, 2015

第2章

フレイル対策の進め方

介護予防の制度①：介護予防給付と総合事業

　介護保険制度が創設されてからのこの20年間、第1章のとおり、フレイル予防の概念の整理や構造化が進む一方で、介護予防に関する政策は総合化、一体化の方向で改正が続けられてきました。

　そこでこの節では、フレイル予防を含む介護予防政策がどのように発展してきたのか、フレイル予防がどのような制度体系のなかで実施されているのかを概観し、介護予防の重点が住民への啓発や居場所づくりによる交流の促進などの環境整備によるポピュレーション・アプローチにシフトしていること、要支援者等に対するハイリスク・アプローチについても特に廃用症候群の予防の観点から介護予防と生活支援が一体的に提供されるように発展してきたことなどを確認します。

1 介護保険の保険給付等の全体像

　図2-1 は、厚生労働省がまとめた介護保険の保険給付等の全体像です。

図2-1 介護保険の保険給付等の全体像（地域支援事業）

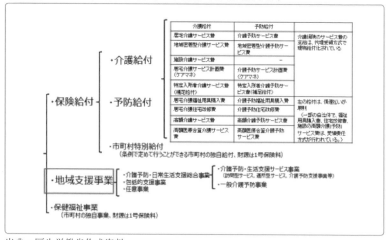

出典：厚生労働省作成資料

介護保険制度は、保険給付、地域支援事業、保健福祉事業の３つから成り立っています。そして、保険給付には、要介護１〜５を対象とした介護給付、要支援１・２を対象とした予防給付、市町村が独自に行うことができる市町村特別給付の３つがあり、地域支援事業には、介護予防・日常生活支援総合事業（以下、総合事業）と包括的支援事業、任意事業の３つがあります。フレイル予防は、総合事業の中の一般介護予防事業でおもに実施されています。

なお、包括的支援事業は2006（平成18）年度の創設時は地域包括支援センターの運営費のみでしたが、2015（平成27）年度から消費税財源を活用してその機能の一部が拡充されており、①在宅医療・介護連携推進事業、②認知症総合支援事業、③生活支援体制整備事業、④地域ケア会議推進事業の４事業が追加されています。

次に **図2-2** は、介護保険制度が創設された2000（平成12）年度から2017（平成29）年度までの介護費用と保険料の推移です。創設当初には地域支援事業はなく、2006（平成18）年度から始まりましたが、2015（平成27）年の大きな改正を経ても、地域支援事業費の介

図2-2 介護費用と保険料の推移

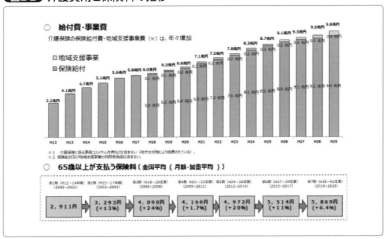

出典：厚生労働省作成資料

護費用の全体額に占める割合は5％程度に過ぎません。総合事業はさらにこの一部です。

　しかし、保険者である市町村にとって、地域支援事業は決して小さな事業ではありません。むしろ保険給付については、介護サービスの実施主体はあくまでも介護事業所ですので、介護サービス費を支給することが保険者としての市町村の主な役割です。しかし、地域支援事業は市町村が直接の事業実施主体であり、市町村がその内容や予算、実施体制等を検討し、実施するものですから、実務上は大きなウェイトを占めるようになってきています。

② 介護予防事業創設の経緯

　介護保険制度は制度創設当時、「走りながら考える」制度といわれましたが、実際に介護保険法上には5年後をめどに制度全般について再検討し、見直しを行う規定が置かれており、いわば未完成の状態でスタートした制度です。

　厚生労働省は、2003（平成15）年以降、老健局長の私的検討会として設置された高齢者介護研究会（座長：堀田力さわやか福祉財団会長）などでその検討を進めましたが、その検討のなかで特に大きな論点となったのが、軽度者（要支援者、要介護1）に対する給付と予防でした。

　その背景には、軽度者の認定者数が84.2万人（2000（平成12）年4月末）から214.6万人（2006（平成18）年4月末）へと大幅に増加し、それに伴って介護保険料が急上昇したことがあります。つまり、介護保険制度は早々に制度の持続可能性が危ぶまれたのですが、単に介護保険財政だけの問題ではなく、軽度者が認定を受けるに至った原因疾患を調べたところ、その約半数が廃用症候群（体を動かさないことによる心身の機能低下）であったことがわかったのです。

　制度全般を議論した社会保障審議会介護保険部会の「見直しに関する意見（2004（平成16）年7月30日）」には、「ケアプランの内容は

大半がいわゆる単品プランであり、サービス内容も、生活援助（特に「家事代行」型の訪問介護、通所介護、福祉用具貸与等の割合が高くなっている」「介護保険制度本来の在り方から見れば、軽度者に対するサービスは利用者の要介護度の維持や改善につながることが期待されるが、実態としては、軽度者の改善率は低く、予防効果を示していないのではないか」「『かわいそうだから何でもしてあげるのが良い介護である』といった考え方が、かえって本人の能力の実現を妨げ、いわゆる廃用症候群を引き起こしている」「家事代行型の訪問介護サービスを利用し続けることにより、能力が次第に低下し、家事不能に陥る場合もある」といった指摘が取り上げられています。

　また、当時、高齢者に対する介護予防を目的とした給付事業としては、介護保険制度内に予防給付の他に保健福祉事業の１つである「被保険者が要介護状態となることを予防するために必要な事業」がありましたが、保健福祉事業の財源が第１号被保険者の保険料であることもあって実施率は低く、主要な事業は一般会計で実施されている「老人保健事業」や「介護予防・地域支え合い事業」でした。

　しかし、①制度・事業の一貫性や連続性に欠け、対象者に空白や重複があること、②サービス内容も統一性がなく、各職種間の連携も十分でないこと、③対象者のニーズ・状況に関する的確なアセスメントやサービスの結果に対する適切な評価が行われていないことなど、多くの課題を抱えているとされ、加えて当時は国と地方の役割の見直し（三位一体改革）のなかで国庫補助金の削減が政府の重要課題となっており、財源的にも整理統合が必要でした。

　そこで、これらを介護保険制度に取り込み、認定を受ける以前の段階からの「総合的な介護予防システム」を確立することが打ち出され、それまでの要支援を要支援１に、要介護１を認知機能の低下の有無と状態の安定性に応じて要支援２と要介護１に区分して（介護の手間は同じ）、要支援１・２に対する保険給付を介護予防に力点をおいた新たな予防給付（新予防給付）に再編するとともに、地域支援事業を

創設し、その1つとして介護予防事業を創設することになりました。

　新予防給付は、介護給付とは明確に異なるものと位置づけられ、具体的にはその目的を生活機能の維持・向上とし、廃用症候群を引き起こしている状況の対策などのため、訪問介護や通所介護の報酬体系は、それまでの出来高払いから月単位の包括報酬に変更されました。

　また、介護予防事業は、「要介護状態等となることの予防又は要介護状態等の軽減若しくは悪化のために必要な」事業とされ、いわゆるハイリスク・アプローチとして「要支援・要介護状態となるおそれのある高齢者」を対象とした特定高齢者施策と、ポピュレーション・アプローチとして「高齢者全般」を対象とした一般高齢者施策の2種類が設けられました。

　なお、要支援1・2と特定高齢者に対するケアマネジメント（介護予防ケアマネジメント）については、①生活機能低下の危険性を早期に発見し、軽い段階から短期・集中的な対応を行うこと、②サービスの提供は必要なときに、比較的短期間に限定して、計画的に行うこと、③高齢者の個別性や個性を重視し、一人ひとりに応じた効果的なプログラムを用意すること、が求められ、「長期継続管理・多職種協働を重視する介護給付のマネジメントとは、内容がかなり異なる」「老人保健事業をはじめとする保健事業の実績や保健師などの専門的な人材を有している」ことなどから、居宅介護支援事業所ではなく、市町村をその責任主体にすることになりました。

　また同時に、地域の高齢者の実態把握や虐待への対応やなど権利擁護を含む「総合的な相談窓口機能」と介護以外のさまざまな生活支援を含む「包括的・継続的なマネジメント」の機能も必要とされたことから、地域支援事業の1つとして介護予防ケアマネジメントを含む地域における総合的なマネジメントを担う包括的支援事業が設けられ、その中核機関として地域包括支援センターが創設されました。

❸ 介護予防・日常生活支援総合事業への発展

　総合事業が創設されたのは2012（平成24）年度です。社会保障審議会介護保険部会の議論において、2006（平成18）年度に新予防給付に移行したにもかかわらず、特に予防給付の訪問介護と通所介護について、「本人の能力をできる限り活用して自立を目指すという制度の趣旨が必ずしも徹底されていない状況も見られる」「例えば訪問介護をみると、多くの時間が生活援助に割かれている現状が指摘されている」とされました。

　そこで、「単身・高齢者のみの世帯など地域で孤立するおそれのある高齢者にとっては、介護保険サービスのみならず、配食や見守りといった生活支援サービスが必要で、予防給付と生活支援サービスを一体化し、利用者の視点に立って市町村がサービスをコーディネートすることが効果的」であることから、要支援者と2次予防事業対象者（旧：特定高齢者）を対象とし、市町村の選択により、介護予防や日常生活支援に資するサービスを総合的に実施できる総合事業が創設されました。

　そして、2015（平成27）年度、「地域における医療及び介護の総合的な確保を推進するための関係法律の整備等に関する法律」により総合事業の実施は義務化され、 **図2-3** のとおり、介護予防事業の1次予防事業（旧：一般高齢者施策）と2次予防事業（旧：特定高齢者施策）、そして予防給付の介護予防訪問介護と介護予防通所介護は、総合事業に廃止・再編されることになりました。

　総合事業はポピュレーション・アプローチとしての「一般介護予防事業」と、ハイリスク・アプローチとしての「介護予防・生活支援サービス事業」の2つの事業で構成されます。

　「一般介護予防事業」は、把握や普及啓発、事業評価のための事業のほか、後述する「地域介護予防活動支援事業」と「地域リハビリテーション活動支援事業」からなります。また、「介護予防・生活支

図2-3 平成 26 年度法改正における介護予防事業の体系

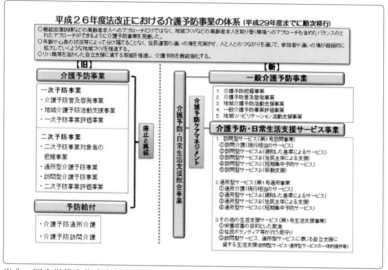

出典：厚生労働省作成資料

援サービス事業」は、「訪問型サービス」、「通所型サービス」、配食等の「その他生活支援サービス」、そして「介護予防ケアマネジメント」の４つの事業からなります。

　なお、この総合事業への移行において、「要支援・要介護状態となるおそれのある高齢者」を対象とした２次予防事業は廃止されましたが、基本チェックリストによって把握されるハイリスク者に対するアプローチまで廃止されたわけではなく、**図2-4** のとおり、「介護予防・生活支援サービス事業」の対象者として、要支援者に加えて基本チェックリストに該当した者も「介護予防・生活支援サービス事業対象者」とされました。

　要支援認定を受けなくても迅速に事業を受けられることを目的に残されたもので、保険給付の利用は認定が前提ですから、これは事業として統合したメリットを活かしたものといえます。

　なお、介護予防訪問介護と介護予防通所介護以外の介護予防訪問看護や介護予防通所リハビリテーションといった予防給付については従

図2-4 平成 26 年度法改正における介護予防事業の体系

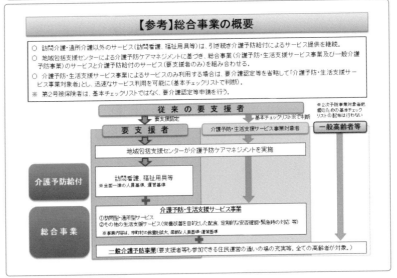

出典：厚生労働省作成資料

前どおりです。

❹ 介護予防の理念〜これまでの介護予防の問題点とこれからの介護予防の考え方〜

　総合事業の主たる目的は、それまで全国一律に予防給付として提供されていた介護予防訪問介護、介護予防通所介護を市町村が実施する事業に移行することにより、要支援者等の多様な生活支援ニーズについて、「介護予防の理念」のもとに要支援者自身の能力を最大限活かしつつ、NPO や民間企業、ボランティアなどの地域の多様な主体による多様なサービスを総合的に提供可能な仕組みにすること、とされています。

　市町村における総合事業の設計においては介護予防と生活支援を一体的に検討する必要がありますが、その際、この新たに示された「介護予防の理念」を理解することはきわめて重要です。

振り返れば、2006（平成18）年度にスタートした介護予防事業では、特に２次予防事業対象者（旧：特定高齢者）に対する機能回復訓練などのハイリスクアプローチが重視され、２次予防事業（旧：特定高齢者施策）に高齢者人口の５％が参加することを目標に、全国の市町村でさまざまな取り組みが進められました。しかし、特定高齢者の決定方法の見直しなどの対策を講じ、対象者の把握に介護予防事業の総事業費の３割を費やしてもなお、わずか0.7％程度の参加実績に留まりました。

　総合事業への移行の背景には、予防給付に「制度の趣旨が必ずしも徹底されていない」といった問題があっただけでなく、当時の介護予防事業が「虚弱高齢者の把握が不十分」「筋力トレーニングなどに偏り、高齢者の参加意欲を十分に引き出せなかった」「出口対策の不足」「費用対効果の低い事業」などと評価され、大きな方針転換を迫られていたことがありました。

　そこで厚生労働省は、 **図2-5** のとおり、「これまでの介護予防の

図2-5 介護予防の推進

介護予防の理念
○ 介護予防は、高齢者が要介護状態等となることの予防又は要介護状態等の軽減若しくは悪化の防止を目的として行うものである。
○ 生活機能（※）の低下した高齢者に対しては、リハビリテーションの理念を踏まえて、「心身機能」「活動」「参加」のそれぞれの要素にバランスよく働きかけることが重要であり、単に高齢者の運動機能や栄養状態といった心身機能の改善だけを目指すものではなく、日常生活の活動を高め、家庭や社会への参加を促し、それによって一人ひとりの生きがいや自己実現のための取組を支援して、QOLの向上を目指すものである。
※「生活機能」…ICFでは、人が生きていくための機能全体を「生活機能」としてとらえ、①体の動きや精神の働きである「心身機能」、②ADL・家事・職業能力や屋外歩行といった生活行為全般である「活動」、③家庭や社会生活で役割を果たすことである「参加」の3つの要素から構成される

これまでの介護予防の問題点
○ 介護予防の手法が、心身機能を改善することを目的とした機能回復訓練に偏りがちであった。
○ 介護予防終了後の活動的な状態を維持するための多様な通いの場が必ずしも十分でなかった。
○ 介護予防の利用者の多くは、機能回復を中心とした訓練の継続こそが有効だと理解し、また、介護予防の提供は「活動」や「参加」に焦点をあててこなかったのではないか。

これからの介護予防の考え方
○ 機能回復訓練などの高齢者本人へのアプローチだけではなく、生活環境の調整や、地域の中に生きがい・役割をもって生活できるような居場所と出番づくり等、高齢者本人を取り巻く環境へのアプローチも含めたバランスのとれたアプローチが重要であり、地域においてリハビリテーション専門職等を活かした自立支援に資する取組を推進し、要介護状態になっても、生きがい・役割を持って生活できる地域の実現を目指す。
○ 高齢者を生活支援サービスの担い手であると捉えることにより、支援を必要とする高齢者の多様な生活支援ニーズに応えるとともに、担い手にとっても地域の中で新たな社会的役割を有することにより、結果として介護予防にもつながるという相乗効果をもたらす。
○ 住民自身が運営する体操の集いなどの活動を地域に展開し、人と人とのつながりを通じて参加者や通いの場が継続的に拡大していくような地域づくりを推進する。
○ このような介護予防を推進するためには、地域の実情をよく把握し、かつ、地域づくりの中心である市町村が主体的に取り組むことが不可欠である。

出典：厚生労働省作成資料

問題点」を、「介護予防の手法が、心身機能を改善することを目的とした機能回復訓練に偏りがちであった」「介護予防終了後の活動的な状態を維持するための多様な通いの場を創出することが必ずしも十分でなかった」「介護予防の利用者の多くは、機能回復を中心とした訓練の継続こそが有効だと理解し、また、介護予防の提供者も、「活動」や「参加」に焦点を当ててこなかったのではないか」と整理しました。そして、「介護予防の理念」として、「生活機能が低下した高齢者に対しては、リハビリテーションの理念をふまえて、「心身機能」「活動」「参加」のそれぞれの要素にバランスよく働きかけることが重要」であり、「単に、高齢者の運動機能や栄養状態といった心身機能の改善だけを目指すものではなく、日常生活の活動を高め、家庭や社会への参加を促し、それによって一人ひとりの生きがいや自己実現のための取組を支援してQOLの向上を目指す」としました。

　なお、この理念の理論的背景には、WHO（世界保健機関）が、それまでの医学モデルから生物・心理・社会モデルへの転換を提唱し、その枠組みとして国際生活機能分類（ICF）を示したことがあります

図2-6 国際生活機能分類（ICF）

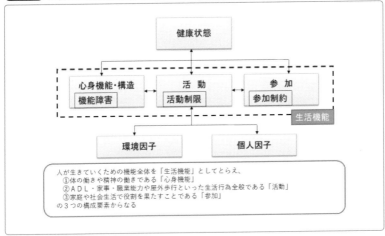

出典：「高齢者リハビリテーション研究会」報告書

（ **図2-6** ）。

　ICF は、人が生きていくための機能全体を「生活機能」としてとらえ、①体の働きや精神の働きである「心身機能」、② ADL・家事・職業能力や屋外歩行といった生活行為全般である「活動」、③家庭や社会生活で役割を果たすことである「参加」の３つの構成要素からなるとしています。そして、それらは「環境因子」と「個人因子」からなる「背景因子」との相互作用をもつため、介護予防事業においては、生活環境の調整や、地域の中に生きがい・役割をもって生活できるような居場所と出番づくり等のバランスのとれた総合的なアプローチが重要とされました。

　そこで、介護予防ケアマネジメントが必要な要支援者や事業対象者以外の高齢者は、年齢や心身の状況等によって区別するのではなく、すべての高齢者（第１号被保険者）を対象とする「一般介護予防事業」で実施されることになりました。そのなかで、「地域介護予防活動支援事業」は「介護予防に関する活動を行うボランティア等の人材の育成並びに介護予防に資する地域活動を行う組織の育成及び支援を行う事業」とされ、市町村が住民に対して強い動機づけを行って住民自らが運営する通いの場（居場所、サロン等）を充実し、人と人とのつながりを通じて、参加者や通いの場が持続的に拡大していくような地域づくりを推進することになりました。

　また、介護人材の不足に対応するためにも、リハビリテーション職等の専門職については個別の「利用者」に対するサービス提供にとどまらず、その知識や技術を活かして「地域」に貢献できるよう新たに「地域リハビリテーション活動支援事業」が追加され、たとえば住民主体の体操教室の立ち上げ時の体操指導や、地域ケア会議等での技術的な助言が行えるようになりました。各市町村のフレイル予防はこの２つの事業を核に実施されています。

⑤ 介護予防・日常生活支援総合事業のコンセプト

図2-7 は、「介護予防の理念」をふまえた総合事業のコンセプトを示したものです。

左側の円は「介護予防」や「生活支援」を充実していく必要があることを表しています。それは、単身世帯や老老世帯など、予防給付では提供されない個別性の高い生活支援が必要な高齢者が増えていることに加えて、支援内容においても、たとえば、買い物が難しくなった場合に、安直にホームヘルパーが買い物を代行してしまうのでは廃用症候群の進行にもつながりかねないため、短期集中予防サービス（通所型サービスCなど）などで要支援者自身の能力を最大限活かすことを前提に、民間企業等による移動販売や宅配を利用し、また住民主体の生活支援を受けることで、できる限り主体的に生活できるように支援（自立支援）すべきという理念にもとづくものです。

それらの一部を地域住民が担うことが期待されており、そのことが

図2-7 生活支援・介護予防サービスの充実と高齢者の社会参加

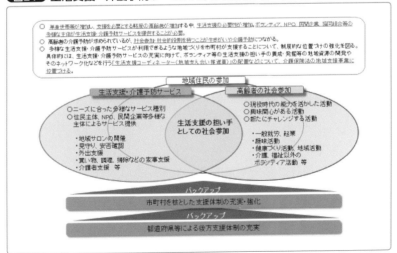

出典：厚生労働省作成資料

中央の白い円で表されています。そして、右側には高齢者の社会参加の円が重ねられています。これは、高齢者が地域に参加し、また、地域で役割をもち、活躍することが人口減少社会のなかでの地域の活力になり、さらには、それが個人の生きがいや介護予防にもなるため、高齢者の社会参加を促進する必要があることを表しています。

なお、蛇足ですが、どのように社会に参加するかは誰からも強制されるものではありません。高齢者一人ひとりが決めることで、就労もあれば趣味活動もあれば、ボランティア活動もあります。しかしながら、生活支援や介護予防の担い手として活躍していただくことを促すことで、虚弱な高齢者を元気な高齢者が支える地域社会をつくることになります。中央で円が重なっているのは、そのことを表しています。

また、包括的支援事業の充実分として創設された生活支援体制整備事業は、まさに「生活支援・介護予防サービス」の充実と「高齢者の社会参加」の推進を一体的に図っていくことを目的とし、「生活支援コーディネーター」を日常生活圏域に配置するとともに、生活支援コーディネーターと生活支援等サービスの提供主体等によるネットワークである「協議体」を構築するもので、特に総合事業との連動が意識されている事業です。

図2-8 のとおり、生活支援コーディネーターは第1層（市町村全域）と第2層（日常生活圏域）に配置され、協議体のサポートを受けながら、地域に不足するサービスの創出、サービスの担い手の養成、高齢者等が担い手として活動する場の確保等の資源開発に加え、ネットワーク構築やニーズと取組のマッチング等を担います。

また協議体には、生活支援等サービスの多様な提供主体として、NPO、民間企業、協同組合、ボランティア、社会福祉法人、社会福祉協議会、地縁組織、介護サービス事業所、シルバー人材センター、老人クラブ、家政婦紹介所、商工会、民生委員等が参画することとされ、特に第2層の協議体においては、住民主体の活動を広める観点か

図2-8 コーディネーター・協議体の配置・構成のイメージ

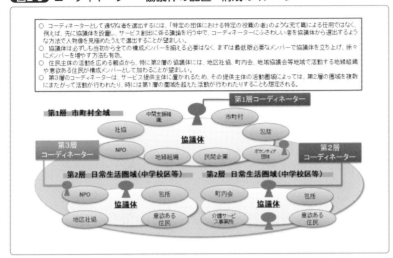

出典：厚生労働省作成資料

ら、地縁組織や意欲ある住民の参加が望ましいとされています。

⑥ 介護予防・日常生活支援総合事業の実施方法

　総合事業には **表2-1** のとおり、市町村の①直接実施、②委託、③指定事業所によるサービス提供（第1号事業費の支給）④補助の4とおりの実施方法があり、A、B、Cといった典型的な実施例が示されています。そして、そのなかでも、介護保険法施行規則第140条の62の3第2項において、「市町村が、法第115条の45第1項に規定する介護予防・日常生活支援総合事業を実施する際には、補助その他の支援を通じて、地域の人材や社会資源の活用を図るよう努めるものとすること」とされているように、市町村や専門職が直接サービスを提供することに加えて、地域の多様な主体の活動費を補助（助成）することを通じて自助や互助の推進を図ることを重視しています。

　フレイル予防のような継続的な活動を互助で担っていくためには、それほど大きな額にはならないとはいえ、必要経費を何らかの手段で

表2-1 訪問型サービスや通所型サービスの内容ごとの実施方法

	(例)	直接実施	委託	指定事業者によるサービス提供	補助
介護予防・生活支援サービス事業	①現行の介護予防訪問介護等に相当するサービス	―※	―※	○	―
	②緩和した基準による生活援助、ミニデイサービス（訪問型・通所型サービスA）	△	○	○	△
	③ボランティアなどによる自主的で多様な生活支援、通いの場（訪問型・通所型サービスB）通いの場への送迎、通院支援等での送迎前後の付き添い（訪問型サービスD）	△	△	―	○
	④リハビリテーション専門職や歯科衛生士、管理栄養士等が行う短期集中予防サービス（訪問型・通所型サービスC）	○	○	―	―
一般介護予防事業	介護予防に資する住民主体の通いの場づくり				○

※ 市町村が実施する場合も、原則第1号事業支給費の支給により実施する。
（注）△は、一般的なケースとしては考えていないが、このような形式をとることも可能。
出典：平成27年6月5日厚生労働省老健局長通知（老発0605第5号）「介護予防・日常生活支援総合事業のガイドラインについて」を基に一部を筆者が改変

賄う必要があります。もちろん、活動主体では寄附などの手段も含めてその確保に努めています。しかし、それぞれの努力ではなかなか活動が広がらない現実があり、だから総合事業は、これまで介護予防訪問介護や介護予防通所介護で給付してきた財源を活用し、補助（助成）の仕組みを導入しました。これはほかの行政分野ではあまりみられないもので、市町村の一部では、補助は立ち上げ支援など一時的な支援に留めるべきという考え方もあるようです。

　しかし、総合事業は地域の多様な主体による多様なサービスを総合的に提供できるようにすることを目的しています。もちろん、適正な金額である必要はありつつも、地域に貢献しようという活動主体を積極的に支援していくためには、有効活用しなければなりません。

　また、経済的支援だけで支えられるわけでもなく、高齢者などの住民が主体ですから、金銭以外の場所や備品の手配といった物理的支援、広報などの情報支援など、さまざまな支援が求められます。先述の生活支援コーディネーターや協議体は、まさにそのためのものです。

　活動したいという意志はあってもノウハウがないという場合には、アドバイザーや専門職の派遣といった人的支援なども必要になるでしょう。また、「立ち上げ」の支援だけではなく、活動が始まってからも困ったときにいつでも相談できる体制や、頑張って活動している方々の魅力の発信などがあれば、さらなる活動の充実・拡大も図られていきます。フレイル予防の推進においても、生活支援コーディネーターや民間企業等が参加する協議体がその普及や事業実施などにかかわっていく必要があります。

　なお、総合事業の体系のなかで、通所型サービスBと一般介護予防事業の通いの場は、両者とも住民主体の通いの場と説明されていることから、その違いについて理解する必要があります。

　厚生労働省は「介護予防・日常生活支援総合事業ガイドライン案」についてのQ＆A【9月30日版】にて、「通所型サービスB（住民主

体による支援）は、要支援者等を中心に定期的な利用が可能な形態を想定しており、一般介護予防事業は、地域のリハビリテーション専門職等を活かしつつ、従来の2次予防事業対象者であっても、介護予防・生活支援サービス事業対象者であっても、要支援者であっても、要介護者であっても一緒に参加することのできる住民主体の介護予防活動を想定している。」とし、「いずれの事業に位置づけるかについては、市町村の判断である。」としています。

したがって、通所型サービスBの要支援者等を中心に定期的な利用が可能な形態とは、主に市町村が把握したハイリスク者に対する介護予防などを住民団体が担う場合を想定したものと考えられ、ポピュレーションアプローチとして実施されるフレイル予防については、一般介護予防事業を活用することになります。

また、住民主体の通いの場は送迎手段の確保が課題になる場合も多いですが、一般介護予防事業のなかで送迎を実施することは可能とされていますし、総合事業の実施例として、移動支援を実施する団体を財政的に支援する訪問型サービスDが示されています。

訪問型サービスDは、2019（令和元）年6月の総合事業の実施状況調査では、実施市町村はわずか52市町村（3.0％）、利用者数は485名（0.1％）にとどまっていますが、通いの場への送迎はデイサービスの機能の一部切り出しととらえられるため、車両や運転手の費用を含めて総合事業の補助対象経費にすることが可能とされており、今後は、その活用が一層望まれます。

● おわりに

総合事業は2015（平成27）年度の創設から6年が経過しましたが、2019（令和元）年6月の実施状況（　表2-2　）をみれば、従前相当サービスやA型（基準緩和型サービス）といった介護事業所が担うサービスが大半を占めており、多くの市町村において、要支援者等へのサービスは総合事業移行以前とほとんど変わっていないのが実情です。

表2-2 総合事業の実施状況（従前相当、Ａ型を除く：令和元年６月）

	訪問Ｂ	訪問Ｃ	訪問Ｄ	通所Ｂ	通所Ｃ
実施 市町村数	266 （15.5％）	383 （22.3％）	52 （3.0％）	243 （14.1％）	681 （39.6％）
利用者数	2,753 （0.8％）	847 （0.3％）	485 （0.1％）	12,022 （2.3％）	7,660 （1.4％）

出典：株式会社NTTデータ経営研究所 令和元年度「介護予防・日常生活支援総合事業及び生活支援体制整備事業の実施状況に関する調査研究事業」報告書を元に筆者作成

　地域支援事業実施要綱には、「新たに総合事業によるサービスを利用する要支援者等については、住民主体の支援等の多様なサービスの利用が可能となるよう体制を整えた上で、その利用促進を図っていくことが重要」とされていますが、それには事実上、目をつぶるしかない状況が続いています。

　一方、一般介護予防事業においては住民主体の通いの場の重要性の周知は進み、今や市町村が把握しているものだけで全国で10万か所以上になりますが、効果的な実施がされているかといえばまだまだ道半ばで、積極的に事業を進めている市町村と事業を進めることができない市町村との格差が大きく開き、厚生労働省はもちろん、厚生局や都道府県もどのように支援すべきかを模索しています。

　とはいえ、この６年間で、第１章でまとめられているとおり、新たにフレイル予防に取り組む際の政策的根拠は蓄積されつつありますし、第３章のとおり、先行する市町村では試行錯誤しつつも事業内容や体系が確立されつつあり、そのノウハウを学ぶことで追いつくことは十分にできます。

　この節では、介護予防政策が介護保険制度の中で実施されるようになった経緯やその背景となる考え方を整理しました。介護保険制度の保険者は市町村ですから、総合事業は保険制度ではありつつも市町村の事業であることには変わりなく、市町村はこの環境を最大限活用す

ることで、福祉部門で実施している高齢者対象事業はもちろんのこと、次節の保健事業や、さらには生涯学習、社会教育、市民協働等での事業とも連携し、高齢者が生き生きと自立した生活を過ごせるようにするにはどうするかを一体的に考えることができます。また、厳しい財政制約に直面している市町村現場からすれば、介護保険制度という恒久的な制度の中で総合事業という一定の財源が担保された事業を実施できることは「恵まれている」ともいえます。

　総合事業については、いまもなお給付から事業への移行が理解されない現実もあると聞きます。となれば、市町村職員がまず始めるべきことは、フレイル予防の概念を学び、また制度の位置づけ、特に介護予防と生活支援を一体的かつ効果的に実施するためには給付よりも事業で実施する方が適していることについて、被保険者や関係者に丁寧に説明することでしょう。

　制度の真意が理解され、仮に規模は小さくてもフレイル予防事業を立ち上げることができれば、第3章で紹介している先行市町村がそうであるように、実施データを収集し、活用することなどで、拡充を図っていく好循環が生まれることでしょう。

　「病は気から」という有名なことわざがありますが、実際に幸福感や満足感などポジティブな感情を強くもつ人ほど、健康状態がよいという多くの研究報告があります。しかし、認知症発症とポジティブな感情との関連を示した研究はありませんでした。

　そこで、愛知県下の6自治体に住む要介護認定を受けていない高齢者1万4,000名を4年間追跡調査し、認知症発症の有無とポジティブな感情5項目（「今の生活に満足していますか」「普段は気分がよいですか」「自分は幸せなほうだと思いますか」「こうして生きていることはすばらしいと思いますか」「自分は活力が満ちていると思いますか」）との関連を検討しました。

　その結果、5項目の感情に「はい」と答えた数（＝「前向きな感情得点」0点～5点）が1つ多いごとに、4年後の認知症を伴う要介護認定を受けるリスクが男性で13％、女性で21％低く、5項目すべてに「はい」と回答していると、認知症になるリスクが男性でおよそ50％、女性では70％減少していました。

　高齢者は退職や配偶者や友人との死別、病気など、いわゆる喪失体験の機会が多く、ポジティブな感情をもちにくいという人も少なくありません。自治体は、高齢者に対して現役時代の能力を活かした活動や興味関心に応じた活動を紹介するなど、個別性に配慮した社会参加や社会的役割をもつための施策を展開し、前向きに生きていくことを支援することも必要でしょう。

服部真治

図 前向きな気持ちで認知機能もアップ

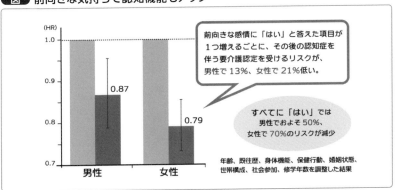

前向きな感情に「はい」と答えた項目が1つ増えるごとに、その後の認知症を伴う要介護認定を受けるリスクが、男性で13％、女性で21％低い。

すべてに「はい」では男性でおよそ50％、女性で70％のリスクが減少

年齢、既往歴、身体機能、保健行動、婚姻状態、世帯構成、社会参加、修学年数を調整した結果

出典：Chiyoe Murata, Tokunori Takeda, Kayo Suzuki, Katsunori Kondo. Positive affect and incident dementia among the old. Journal of Epidemiological Research, 2 (1) : 118-124.2016

第 2 節　介護予防の制度②：保健事業と介護予防の一体的な実施

はじめに

　人生 100 年時代を見据え、高齢者の健康増進を図り、できる限り健やかに過ごせる社会としていくため、高齢者一人ひとりに対して、きめ細かな「保健事業」と「介護予防」を実施することは大変重要です。

　高齢者、特に 75 歳以上の高齢者は、複数の慢性疾患の罹患およびその重複（いわゆる多病）に加え、多剤併用（ポリファーマシー）になりやすいという傾向があります。さらに、要介護状態に至る前段階であっても身体的な脆弱性のみならず、精神・心理的な脆弱性や社会的な脆弱性といった多様な課題と不安を抱えやすく、いわゆる「フレイル」状態になりやすい傾向もあります（**図2-9**）[1]。また、認知機能や社会的な（人との）つながりが低下する傾向にもおちいりやすく、身体的フレイル状態がさらに負の連鎖として加速し、自立度低下

図2-9 高齢者の健康状態の特性等について

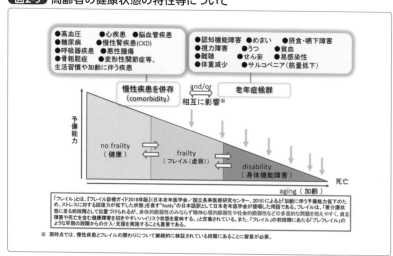

につながりやすい面もあります。すなわち、疾病予防（重症化も予防）と生活機能維持の両面にわたるニーズを有しているのです。

　このような健康上の不安を取り除き、住み慣れた地域で自立した生活を延伸し、生活の質（Quality of life: QOL）の維持向上を図るには、高齢者の特性をふまえた健康支援や相談を行う必要があります。

① 高齢者に関する医療保険制度の仕組みとその課題

　わが国の医療保険制度においては、75 歳に到達すると、それまで加入していた国民健康保険制度等から、後期高齢者医療制度の被保険者に異動することになります（**図2-10** 上）。この結果、保健事業の実施主体についても市町村等から後期高齢者医療広域連合に移ることとなり、74 歳までの国民健康保険制度の保健事業（すなわち国民健康保険保健事業）と 75 歳以降の後期高齢者医療制度の保健事業（すなわち高齢者保健事業）が、これまで適切に継続されてきませんでした。

図2-10 高齢者に関する医療保険制度の仕組みとその課題

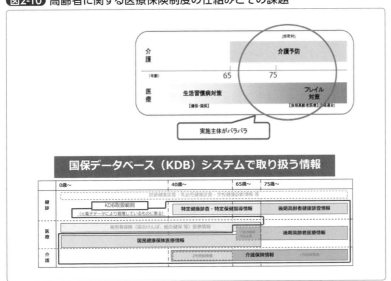

後期高齢者医療広域連合のなかには、市町村に高齢者保健事業の委託等を行うことで重症化予防等の取り組みを行っている事例もみられますが、多くの場合、健診のみの実施となっている状況でした。一方で、介護予防事業は介護保険制度の中で市町村が実施していました。

　このような各事業における制度やその財源、担当部署の違いなどにより、本来、高齢者の健康支援については、疾病予防（重症化も含む。主に保健事業の対象）と生活機能維持（主に介護予防事業の対象）の両面にわたるニーズが存在するにもかかわらず、その両視点をバランスよく底上げできていませんでした。加えて、これまでの後期高齢者医療制度における保健事業は健康診査が中心で、高齢者の特性をふまえた保健事業の考え方や具体的な内容を示す指針はありませんでした。

❷ 厚生労働省の新制度「高齢者の保健事業と介護予防の一体的実施」

　厚生労働省は、2016（平成28）年度から「高齢者の保健事業のあり方検討ワーキンググループ」で検討を行い、2018（平成30）年4月に「高齢者の特性を踏まえた保健事業ガイドライン（以下「ガイドライン」という）」を策定しました[1]。

　さらに、2018（平成30）年9月から筆者も参画した「高齢者の保健事業と介護予防の一体的な実施に関する有識者会議」を開催し、12月に、高齢者の特性に応じて保健事業と介護予防の取組を効果的かつ効率的に提供していくための体制や取組等について、報告書をとりまとめました（図2-11）[2]。

　これをふまえ、翌年の国会に、高齢者の保健事業と介護予防の一体的実施等を内容とする「医療保険制度の適正かつ効率的な運用を図るための健康保険法等の一部改正」が提出・成立され、2020（令和2）年4月に施行されています。

　この高齢者の保健事業と介護予防の一体的実施の具体的な内容につ

図2-11 高齢者の保健事業と介護予防の一体的な実施（市町村における実施のイメージ図）

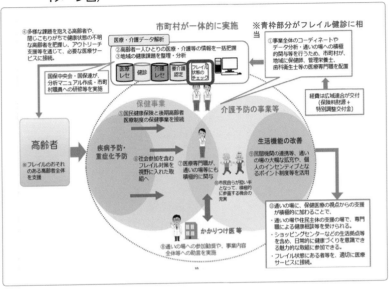

いては、**図2-12** のようなスキーム図が示されており、各自治体において以下の事項等について取り組むこととされています（健康寿命延伸プランでは2024年度までに全ての市区町村で実施）。

　・広域連合は、広域計画に市町村との連携内容を規定すること
　・市町村は、一体的実施に係る事業の基本的な方針を作成し、一体的な取り組み（例：データ分析、アウトリーチ支援、通いの場への参画）を行うこと

　市町村において、高齢者の保健事業と介護予防を一体的に実施するおもな内容については、110頁の囲み部分①〜⑤のとおりです。

　なお、これらにかかる経費については、広域連合が保険料財源や特別調整交付金をもとに交付されます。

　各自治体において、本事業を積極的に取り組むことにより、保健師や管理栄養士、歯科衛生士などの医療専門職が関与を深め、高齢者に広くフレイル予防の重要性について浸透させたり、ある程度以上進行

図2-12 高齢者の保健事業と介護予防の一体的な実施（スキーム図）

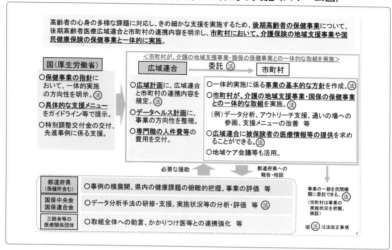

① 事業全体のコーディネートや企画調整・分析、高齢者への個別支援等を行う保健師、管理栄養士、歯科衛生士等の配置

② 高齢者一人ひとりの医療・介護等の情報（KDBシステム等だけではなく、フレイルチェック等の状況も）を一括把握するとともに、地域の健康課題を整理・分析

③ ②等により、多様な課題を抱える高齢者や閉じこもりがちで健康状態の不明な高齢者を把握し、アウトリーチ支援等を通じて、必要な医療サービスに接続

④ 疾病予防や重度化予防について、社会参加を含むフレイル対策を視野に入れた取り組みにしていくこと

⑤ 医療専門職が通いの場などにも積極的に関与すること、またこれにより通いの場などについて日常的に健康づくりを意識できるより魅力的な取り組み（フレイルチェック等も）にでき、かつ、フレイル状態にある者等を適切に医療サービスに接続できること

したフレイル状態の高齢者に対する総合的判断と介入が可能になると考えられます。

③ フレイル健診：後期高齢者の新質問票

　2020（令和2）年4月の「高齢者の保健事業と介護予防の一体的実施」の施行にあわせて、ガイドラインが改訂され、後期高齢者向けの新質問票が作成されました（**表2-3**）[3]。これが、いわゆる「フレイル健診」といわれるものです。

　この質問票は、後期高齢者医療制度の健診において、高齢者の特性を踏まえて健康状態を総合的に把握するためのスクリーニングのために活用されるものですが、保健事業や他の介入を行ったあとに行動変容を比較することも必要です。また、特定健診の「標準的な質問票」に代わるものとして、KDBシステム等に新たにデータを収載し、経年推移についても把握することも可能です。

　質問票の構成については、フレイルなど高齢者の特性をふまえて健康状態を総合的に把握するという目的から、①健康状態、②心の健康状態、③食習慣、④口腔機能、⑤体重変化、⑥運動・転倒、⑦認知機能、⑧喫煙、⑨社会参加、⑩ソーシャルサポートの10類型（計15項目）の質問で構成されました。作成にあたって配慮された点は以下の5つです。

> ①特定健康診査の「標準的な質問票」は、メタボリック症候群をチェックする内容も多く含まれていた。それに代わるものとして、後期高齢者に対する健康診査（健診）の場で質問票を用いた情報収集・問診を実施し、高齢者の特性をふまえた幅広い視点での健康状態を総合的に把握できるようにする。
> ②診療や通いの場などにおいても質問票を用いて健康状態を評価することにより、住民や保健事業・介護予防担当者等が高齢者のフレイルに対する関心を高め、生活改善を促すことが期待される。
> ③質問票の回答内容と国保データベース（KDB）システムから抽出した健診・医療・介護情報を併用し、高齢者を必要な保健事業や医療機関受診につなげ、地域で高齢者の健康を支える。
> ④保健指導における健康状態のアセスメントとして活用するとともに、行動変容の評価指標として用いる。
> ⑤KDBシステムにデータを収載・分析することにより、事業評価を実施可能とし、PDCAサイクルによる保健事業に資する。

表2-3 フレイル健診 (後期高齢者の新質問票)

類型名	No	質問文	回答
健康状態	1	あなたの現在の健康状態はいかがですか	①よい ②まあよい ③ふつう ④あまりよくない ⑤よくない
心の健康状態	2	毎日の生活に満足していますか	①満足 ②やや満足 ③やや不満 ④不満
食習慣	3	1日3食きちんと食べていますか	①はい ②いいえ
口腔機能	4	半年前に比べて固いものが食べにくくなりましたか ※さきいか、たくあんなど	①はい ②いいえ
	5	お茶や汁物等でむせることがありますか	①はい ②いいえ
体重変化	6	6カ月間で2～3kg以上の体重減少がありましたか	①はい ②いいえ
運動・転倒	7	以前に比べて歩く速度が遅くなってきたと思いますか	①はい ②いいえ
	8	この1年間に転んだことがありますか	①はい ②いいえ
	9	ウォーキング等の運動を週に1回以上していますか	①はい ②いいえ
認知機能	10	周りの人から「いつも同じことを聞く」などの物忘れがあると言われていますか	①はい ②いいえ
	11	今日が何月何日かわからない時がありますか	①はい ②いいえ
喫煙	12	あなたはたばこを吸いますか	①吸っている ②吸っていない ③やめた
社会参加	13	週に1回以上は外出していますか	①はい ②いいえ
	14	ふだんから家族や友人と付き合いがありますか	①はい ②いいえ
ソーシャルサポート	15	体調が悪いときに、身近に相談できる人がいますか	①はい ②いいえ

④ かかりつけ医におけるフレイル健診の活用 および多領域との連携

　日本老年医学会は、かかりつけ医が本質問票の回答にどのように対応するべきかを示す目的で「かかりつけ医のための後期高齢者の質問票対応マニュアル」を作成しました。ホームページ上で公開されていますので参考にしてください（**図2-13**）[4]。

　なお、このフレイル健診（後期高齢者の質問票）については、多領域の質問項目になっていることから、専門職との連携が必要になってきます。また、個別の質問項目に限らず、総合的なフレイルの状況を把握し、必要に応じて専門医、専門職種、専門施設、市町村の担当部署（医療専門職等）と連携することが求められます。

【身体的フレイル】
・特定の臓器別疾患は該当する診療科
・複雑な多病と関連した病態：専門性複雑な多病と関連した病態は専門性をもった医師がいる施設(老年内科、内科、総合診療科など)
・ロコモティブシンドローム：整形外科
・ポリファーマシー：薬剤師

【精神的フレイル】
・精神科、老年内科、神経内科、認知症サポート医、公認心理師など

【社会的フレイル】
・居住地区の地域包括支援センター(院内のソーシャルワーカーや診療所のスタッフが地域包括支援センターへ連絡し、該当する高齢者と面談してもらうことが望ましい)、福祉課など

【オーラルフレイル】
・歯科、管理栄養士、言語聴覚士などによる嚥下リハ対応施設など

【喫煙】
・禁煙外来、呼吸器内科など

　また、本質問票を活用するにあたり、以下の点に関しても配慮しながら推し進めるべきです。

図2-13 「かかりつけ医」のための後期高齢者の質問票対応マニュアル

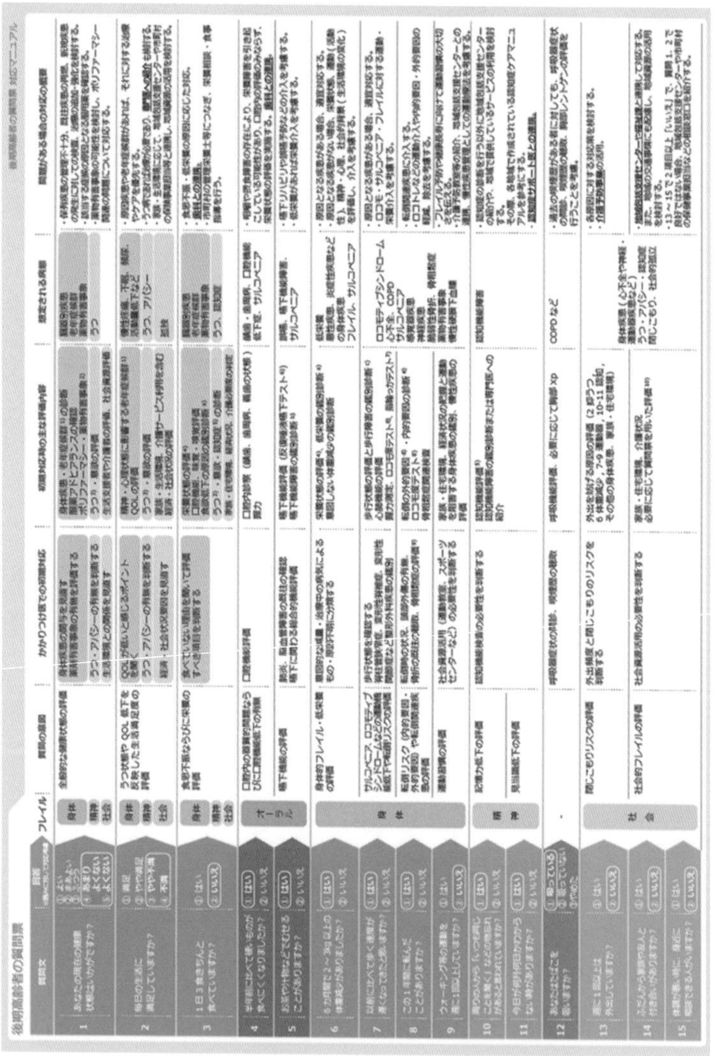

出典：日本老年医学会　https://www.jpn-geriat-soc.or.jp/tool/manual.html

①対象者本人の安心・楽しみ・社会とのつながりなど、ポジティブな要素を重視して、健康管理の大切さを本人自身に実感できるよう声かけをする必要があります。

②生活のなかで「本人のできること」に着目し、それを促し維持させ、さらには増やしていくという観点から行動目標を設定しましょう。

③コーピング（問題に対処する能力）が重要であり、何歳になっても工夫の余地があることに気づくことが大切である旨、対応していきましょう。

④質問項目ごとに医学的なアドバイスするのではなく、総合的な視点からアドバイスするよう心がけましょう。

⑤本人によるセルフケアだけでなく、家族や周囲の支援（保健サービス等）活用を適切に組み合わせましょう。

⑥医療機関へのつなぎ、他の保健事業との連携や移行なども含め、対象者の状況に応じ、柔軟に実施することが必要です。

⑤ フレイル健診：質問票の活用場面や支援内容

本質問票を用いた評価は、以下の場面での活用が期待されています。

まずは、①健診の際に活用されることを想定していますが、②住民主体の通いの場（地域サロン等）、さらには③かかりつけ医の医療機関など、さまざまな場面で健康状態が評価されることが期待されます。

自治体（市区町村）では、KDBシステムにより、高齢者の医療・健診・介護情報等を一括して把握できるようになります（107頁 図2-10 下）。フレイル健診としての新質問票の情報に、KDBシステムから抽出した医療、健診、介護情報を組み合わせることで、高齢者の健康状態を多面的にとらえることが可能となります。

たとえば、受療状況（未受診、中断を含む）、服薬状況についてはKDBを参照することとし、本人からの聞き取りの負担の軽減と客観性を担保することとしています。さらに、フレイル健診の回答結果

は、KDB システムに登録されていきます。

このフレイル健診データと KDB システムの突合された複合的な
データを活用することで、自治体などの保険者単位よりももっと細分
化された地区別分析、都道府県単位の集計・同規模保険者単位の集
計・全国集計との比較、経年変化、性・年齢別の分析など、さまざま
な角度からの分析が可能となり、今までの保健事業のさらなる進化
（特に重症化予防）も含めて、地域における健康課題を整理・分析す
ることができるようになります。

高齢者に対する支援内容として、①個別支援（ハイリスクアプロー
チ：重症化予防含む）と、②通いの場などへの積極的な関与など（ポ
ピュレーションアプローチ）の双方の取り組みが必要になってきま
す。

必要な支援について、以下に 2 つの事例を例示します。

(例 1) 問 3：食習慣が「いいえ」の場合

口腔機能（問 4、問 5）、体重変化（問 6）の質問を確認したうえで、
よい状態であったときの食事はどうであったか、いつから食習慣が変
化したのか、何かきっかけがあるのか、よいときのように改善できそ
うな食習慣はないかを確認しましょう。食欲不振・低栄養の原因に応
じた対応、歯科との連携も必要です。

また、市町村の管理栄養士等につないで栄養相談・食事指導を行う
ことや、買い物や調理など食事の準備について問題がある場合には、
市町村の事業の利用なども検討しましょう。個別の栄養摂取量等を基
準にした指導ではなく、全般的な食習慣に着目して、具体的な改善策
（たとえば、管理栄養士だけではなく、歯科専門職、ケアマネジャー
含め介護スタッフ、必要に応じて理学療法士等との連携も）を想起さ
せ、行動変容を促します。

これらは本稿の最後で示す社会的処方の重要な部分です。

(例 2) 問 9：運動習慣が "いいえ" の場合

　まずはフレイル予防や健康長寿に向けて運動習慣の大切さを伝えましょう。さらに、具体的にウォーキング・体操等以外の運動習慣がないか確認しましょう。運動習慣がなくても日常の身体活動が活発であればよいため、ウォーキング・体操等と同程度の強度がある生活活動（自転車、掃除や調理、庭の手入れ、農作業など）についても確認しましょう。

　活発な身体活動があり、運動・転倒（問 7、問 8）の質問に該当がなければ、ウォーキングや運動習慣、日常の身体活動等の継続を促しましょう。問 7、問 8 いずれかの質問に該当する場合はさらに深掘りして、具体的な活動内容を確認しましょう。介護予防教室等の紹介、地域包括支援センターとの連携、慢性疾患管理としての運動療法を考慮しましょう。

　ウォーキングと同程度の身体活動に該当する活動がない場合には、生活のどこにそのような活動を組み込む余地があるのか、話し合うのも 1 つの方法です。適度な身体活動を行うことのメリットを伝え、身体活動を負担なくできる方法をともに考えましょう。

　その際、本人の周囲に適度な身体活動を継続的に行っている知人がいないかなど、身体活動に適した環境についても確認をしましょう。誰と、どこで活動するのか、さらには雨が降ったときなど、できない状況の場合にはどうするか、具体的に話し合えると行動変容を促しやすくなります。

⑥ フレイル健診における「社会的処方」の重要性

　高齢者に関する医療保険制度の構造を示しながら、74 歳までの前期高齢者と 75 歳以降の後期高齢者に対する医療制度の保健事業や、介護保険制度の介護予防事業がこれまで適切に連携されてこなかったという課題にも言及してきました。高齢者の健康支援を考えるにあたっては、疾病予防（重症化予防を含む）と生活機能維持の両面にわ

たるニーズが存在することは明白であり、その両視点をバランスよく対応していくことが今後求められます。

したがって、今回紹介したフレイル健診（まずは後期高齢者を対象とした新質問票）について、フレイルなど高齢者の特性をふまえた健康状態を問診により総合的に把握し、事前に把握している疾病管理を基盤とする医学的情報とも組み合わせながら、総合的な健康支援をすることが必要です。

フレイルは高齢者で生理的予備機能が低下した要介護状態の前段階で、適切な介入により改善が期待できる状態です。特に、身体的、精神的、社会的など多面的要素からなり、各要素で評価・指導方法も異なるため、包括的な視点で通常の診療や患者教育のなかに取り入れてもらうことも期待されます。

最後に強調しておきたいことが「社会的処方（social prescribing, social prescription）」です。これは、われわれ医療専門職および医療機関が、患者の健康問題の原因や治療の妨げとなる可能性のある社会的課題を診断（その課題の存在を把握）し、第三者機関で社会資源の提供を受けるように、患者やその支援者に指示することを意味します[5]。

医師による通常診療では、医学的な診断や治療を進めると同時に、フレイル健診により包括的な視点の情報を得ることができます。そのなかで、地域のさまざまな社会資源等に紹介する必要性が必ず出てきます。たとえば、地域包括支援センターや自治体行政高齢部門、一般介護予防事業、介護予防・生活支援サービス事業等、市町村保健部門が実施する重症化予防事業、市町村生涯学習部門が実施する事業（生涯学習講座、保養施設利用促進事業等）、民間企業や介護事業者のサービス（食事宅配サービス、訪問介護サービス等）など、さまざまです。

医療従事者は各疾患や病態の診断や治療だけではなく、普段からこのような地域資源をしっかりと把握し、よいタイミングで必要な社会資源につなげていけるように心がけたいものです。

引用文献

1. 高齢者の特性を踏まえた保健事業ガイドライン第2版
   https://www.mhlw.go.jp/content/12401000/000604327.pdf

2. 高齢者の保健事業と介護予防の一体的な実施について【概要版】
   https://www.mhlw.go.jp/content/000619365.pdf

3. 後期高齢者の質問票の解説と留意事項
   https://www.mhlw.go.jp/content/12401000/000557576.pdf

4. 日本老年医学会：かかりつけ医のための後期高齢者の質問票対応マニュアル
   https://www.jpn-geriat-soc.or.jp/tool/pdf/manual_01.pdf

5. 日本版「社会的処方」の在り方検討事業委員会報告書 2018 年度
   https://www.orangecross.or.jp/project/socialprescribing/pdf/socialprescribing_2018_02.pdf

Column 自発的な社会参加は、健康維持効果が高い

　人や社会とのつながりが乏しいことは、過度な飲酒や喫煙および肥満など、よく知られた要因と同程度あるいはそれ以上に死亡率を高めることが指摘されています[1]。そして、社会参加のなかでも、特にボランティアなど社会貢献活動の健康維持への効果が高いことも報告されています。

　私たちの研究チームは、東京都近郊のA市の65歳以上市民1,320人を分析対象として、5種の社会参加グループ（ボランティアグループ、趣味・学習・運動グループ、町会、老人会、同窓会や退職者の会）での活動頻度が4年間生活機能を維持するのにどの程度の効果があるのかを検証しました。その結果、ボランティア活動は他の活動に比べて特に効果が高く、月1回以上のボランティアを行っている人はボランティアをしていない人に比べて、4年間生活機能を維持する可能性が3.27倍ほど高くなっていました[2]。

　しかし、ボランティアが健康維持に効果的であったとしても、本人が「楽しい」「やりたい」と思える自発的な参加が大事です。秋田県A市の70歳〜89歳の市民420名を対象とした調査により、自らの意思でボランティアに参加している人に比べて、やりたくないが参加している人は、3年後に自立した在宅生活に支障をきたす障害（入浴や着替え、食事摂取に介助が必要など）が起きるリスクが2.9倍ほど高くなっていました[3]。つまり、無理のない頻度で、自分が楽しめる活動に取り組むことが健康維持には大切だと考えられます。

野中久美子
（東京都健康長寿医療センター研究所 社会参加と地域保健研究チーム 研究員）

図 気持ちも大切、ボランティア活動へのやる気と健康の関連

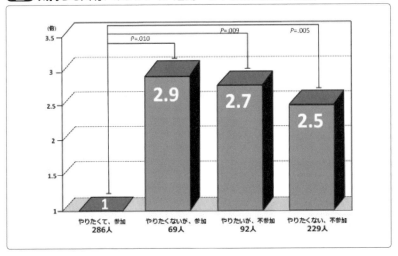

秋田県 N 村在住 70 〜 89 歳高齢者を 3 年追跡 (1997-2000 年)
注）性、年齢、教育歴、慢性疾患 (糖尿病、脳卒中、心臓病)、過去 1 年の入院歴、痛み、老研式活動能力指標、健康度自己評価、血清アルブミンを調整、 ＊基本的日常生活動作能力 （BADL）

注 ………………………………………………………………………………………………

1. Holt-Lunstad J, Smith TB, Layton JB, Social Relationships and Mortality Risk: A Meta-analytic Review, Plos Medicine, 7(7), 2010.

2. Nonaka K, Suzuki H, Murayama H, Hasebe, M,Koike T, Kobayashi E, Fujiwara Y : For how many days and what types of group activities should older Japanese adults be involved in to maintain health? A 4-year longitudinal study. Plos One, 2017.

3. Nonaka K, Fujiwara Y, Watanabe S, Ishizaki T, Iwasa H, Amano H, Yoshida Y, Kobayashi E, Sakurai R, Suzuki H, Kumagai S, Shinkai S, Suzuki T. Is unwilling volunteering protective for functional decline? The interactive effects of volunteer willingness and engagement on health in a 3 - year longitudinal study of Japanese older adults. Geriatrics & Gerontology International 19(7), 673–678, 2019.

　高齢期における就労は健康維持に有効であるとされています。しかし、定年後いつまでも元気に働きたいと考えていても、仕事に対する目的意識によっては、就労していても健康を害する恐れがあります。

　私たちの研究グループでは、65歳以上の就労者において、金銭（生活費、借金返済、小遣い稼ぎのため）のみを目的としている人は、生きがい（健康、生きがい、社会参加・社会貢献のため）を目的としている人と比べて、世帯収入などの背景要因を調整しても2年後の主観的健康観（自分で健康だと感じること）の悪化リスクが1.42倍、運動器などの生活機能悪化リスクが1.55倍高いことを明らかにしました。

　金銭目的の就労は、より多くの収入を得るために、長時間・危険・重労働などによる身体的および精神的負担が大きいと想定され、健康を害するリスクが高いと考えられます。

　この研究の重要な点として、健康悪化リスクが高いのは、金銭のみを目的とした就労であり、生きがいと金銭の両方を目的としている就労者では生きがい目的のみの就労者と差がなかったということです。すなわち、生きがいをもって就労することが健康に働き続けるために重要であると考えられます。

　生きがいをもって就労するには個人の意識や考え方だけではなく、職場環境の整備も重要です。従業者は仲間と一緒に働きやすい職場を築くこと、雇用者は従業者が生きがいをもちやすい環境を整備することが、元気に働き続けるために重要であると考えられます。

根本裕太

（東京都健康長寿医療センター研究所 介護予防・フレイル予防推進支援センター 研究員）

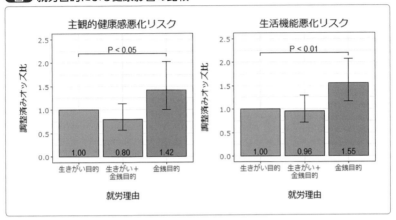

はじめに

　いつまでも自立しながら、生き生き快活な高齢期を送るには、身体が健康であり続けたいものです。しかし、身体的に病気をもっているかどうかという視点だけでは不十分であり、フレイル予防においても、高齢者の「社会参加」が３つの柱の１つとなっていますが、この社会参加に向けた取り組みを進めていくためには、地域のなかでこれらの機運を高めていくことが求められます。

❶ 人生 100 年時代に向けて、コミュニティを「リ・デザイン」

　人生 100 年時代に向けて、住民がいつまでも元気に、かつ弱っても安心して暮らせる自治体およびコミュニティとはどのようなものなのでしょうか。**図2-14** に示すように、定年や高齢期を迎えても、やはり住んでいる地域で「何かしらの活動（就労でも社会参加でも）」で精力的に活動し続けていくことが重要です。ひいてはそれが「フレイル予防を軸とした健康づくり」にもつながっていきます。

　しかし、いずれ徐々にフレイル度合いが強くなってくると、日常生活における困り事が出てきます。そして、さまざまな病気等を抱えて、今後について不安に思う瞬間も出てきます。そこには「周囲とのつながり」や「生活支援（見守り・相談・食事等）」、また、さらに老いと病気が進んだ場合には心委ねられる医療および介護専門職による「安心ある在宅介護・看護サービス、そして在宅医療体制の整備」が必要になってきます。

　このようななかでも、引き続き住民が住み慣れた地域で安心して暮らし続けることができるよう、地域において、社会とのかかわりを維持していくとともに、必要な各種支援を受けられる地域づくり（地域

図2-14 人生100年時代に向けて、コミュニティを「リ・デザイン」

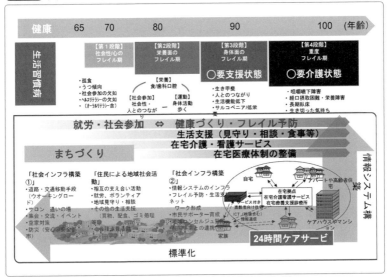

出典：東京大学高齢社会総合研究機構作成資料（飯島勝矢 改変）

包括ケアシステム）をしていく必要があります。

　また、これ以外にも「地域づくり」全般の視点も重要になります。具体的には「社会インフラの整備」も重要な要素になります。道路や交通移動手段（歩きたくなる地域のためのウオーキングロード整備等）、サロンも含めた通いの場、集会・交流・イベント、空き家対策、安心安全都市を目指した防災対策など、さまざまな課題があります。さらに、多様な住民による地域社会活動を底上げしたい、相互の支え合い活動や就労、ボランティア、地域見守りや相談、その他の生活支援（買物、配食、ゴミ処理等）も重要です。

　もう1つ忘れてはいけないものに「情報システムのインフラ整備」があります。2020（令和2）年初頭から感染が拡大した新型コロナウイルス感染症の問題により、ICTやインターネットの重要性が再認識されました。本書のテーマであるフレイル予防においても、生活支援ネットワーク形成、生活支援ネットワーク形成、フレイルサポー

ター育成、地域コンセルジュ設置、民間事業との連携（官民連携）等、多くの場面で情報インフラの整備が必要になっています。

❷ 産学官民連携による"コミュニティ・リデザイン"

このように、ヒトの老いに対して、各フェーズに合わせていろいろな取り組みや機能が必要になりますが、それが「すべて一連としてつながり、かつ安心あるシステム」となるために、住民や民間企業、各種団体などさまざまなステークホルダーの人たちのかかわりも大きいのですが、同時に基盤となる制度や事業を構築する自治体の方々の存在も非常に大きいものです。

図2-15 に「産学官民連携による"コミュニティ・リデザイン"」のイメージ図を示します。

まずは「健康増進～フレイル（介護）予防」において、栄養（食／口腔）、身体活動（運動ほか）、社会参加の3つすべてが重要です。また、住民本人に努力して生活改善をお願いするだけのアプローチ（個人への働きかけ）では限界であり、「ゼロ次予防」という視点も必要

図2-15 産学官民連携による"コミュニティ・リデザイン"

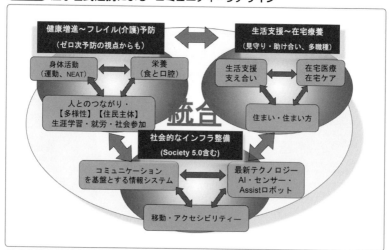

東京大学高齢社会総合研究機構・飯島勝矢 作成

です。このゼロ次予防という考え方は、WHO（世界保健機関）が2006年に提唱したもので、住民の健康の維持・増進に向けて、個人に働きかけるのではなく、個人を取り巻く環境を改善しようという考え方です。

日常生活のなかで「健康への気づき」を得て、健康維持・増進のための行動を促すことも「ゼロ次予防」の1つです。また、純粋な健康増進活動ではなくても、その日々の活動が結果的に健康に資するものになっている活動をどんどん促すことも重要です。

これらについて、第3章において先進的な取り組みとして、福岡県飯塚市や和歌山県紀の川市の事例を紹介しています。

続いて、フレイル状態が進むからこそ必要となってくる分野として、生活支援（見守りや支え合い等）や安心ある在宅療養（多職種協働）などがあります。

さらに、合わせて考えておきたい内容として、社会的なインフラ整備も重要です。時代の変遷もあり、Society 5.0等の技術革新が目まぐるしい速度で進みつつあります。そこには、住民の生活を支えるコミュニケーションを基盤とする情報システム、最新テクノロジー（AI人工知能・センサー・支援ロボット等）、移動問題に対するアクセシビリティーについての技術進化も強く求められます。

以上のように、ヘルスケアの視点でのイメージ図を提示しましたが、フレイルにまつわる分野だけでも多くの視点が存在し、それらがいかに各自治体において「統合されながら底上げされているのか」が重要だと思われます（**図2-16**）。すなわち、フレイル予防は多面的だからこそ、まさに「総合知による地域づくり」そのものであろうと思います。【個人】に対して、いかに気づきを与え自分事化でき、意識変容〜行動変容に移すことができるのか、さらには【受け皿整備】として、各自治体において良好な社会環境の実現（健康のための支援へのアクセスの改善と地域の絆に依拠した健康づくりの場の構築など）、そして住民にとっての多様な取り組みによる選択肢がみえやすくなっ

図2-16 フレイル予防は「総合知による地域づくり」

フレイルは多面的、だからこそ
フレイル予防はまさに「総合知による地域づくり」

【個人】
気づき/自分事化
意識変容
〜行動変容

【受け皿整備】
良好な社会
環境の実現
＋多様性

市区町村
行政 ／ 官

企業
団体 ／ 産

大学
学術団体 ／ 学

住民
専門職 ／ 民

ている必要があるのでしょう。

③ モデル自治体から学ぶ

　ここでフレイル予防活動を積極的に推進しているモデル自治体の例をみてみます。 図2-17 に千葉県柏市の健康増進・介護予防に関する全活動をリストアップしてみました。全世代（40歳未満、40〜64歳、65〜74歳、75歳以上）にわたり、自治体において数多くの取り組みが実施されていることがわかると思います。

　図2-17 の左端には、これらの多様な活動に対する個々の担当部署も記載されています。これだけの多くの部署が管轄している公的事業ですので、それぞれの部署間で連携し、毎年より多くの住民が参加できるように広報にも工夫をし、住民主体活動にもつなげてもらいたいと思います。

　また、各自治体には、数多くのインフォーマルな住民活動も存在します。インフォーマル活動はなかなか把握しにくいですが、自治体による公的事業だけでは限界もあることから、このような活動をいかに

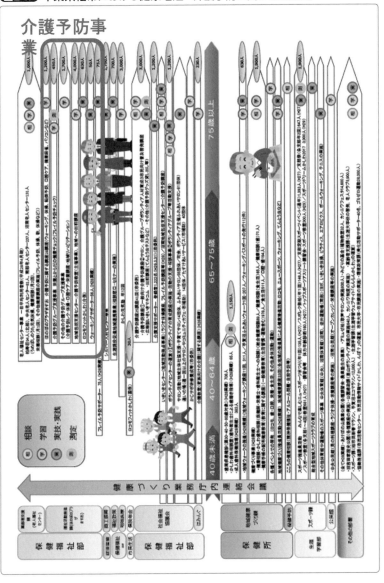

図2-17 千葉県柏市における健康増進・介護予防に関する全活動

実施・継続してもらえるのか、地域包括支援センターや生活支援コーディネーターを中心としたさまざまな支援が期待されます。

このモデル自治体である千葉県柏市において、フレイル予防を通した総合知による健康長寿のまちづくりとして「柏フレイル予防プロジェクト2025」が設立されています（図2-18　図2-19）。

　このプロジェクトには、「フレイル予防の活動・場・推進者」として、柏市役所に加え、介護予防センター、地域包括支援センター、社会福祉協議会、住民組織、活動団体、職能団体などが関わっています。具体的には、フレイル予防の普及啓発と効果的な推進、地域における市民主体の活動の推進、関係機関の連携や調整などを大きく加速するために、庁内の複数の部署で連携を組み、マルチステークホルダーでフレイル予防を大きなムーブメントにしようとする試みです。

　この活動は、フレイルサポーター主体のフレイルチェック活動と連動しながら、住民の意識・行動変容を促すものであり、既存事業の進化・見える化やフレイル予防を促す環境を構築するために、産業界や教育分野ともスクラムを組みながらのフレイル予防による地域づくりの実現しようとしています。

図2-18 柏フレイル予防プロジェクト2025

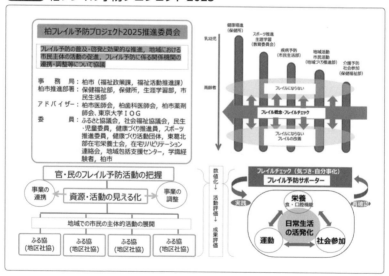

図2-19 フレイル予防を通した総合知による健康長寿のまちづくり
庁内連携を組み、マルチステークホルダーでフレイル予防を大きなムーブメントに

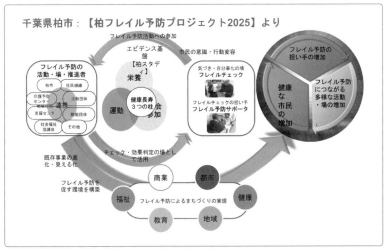

これは一例にすぎませんが、このように、健康増進～フレイル予防の実現に向けて、従来の健康福祉分野だけではなく、多領域との連携を組みながら進めていくことも求められます。

さいごに

全国の自治体において、「しっかり噛んで、しっかり食べ、しっかり歩き、そして人とのつながりを維持しながら、しっかり社会性を高く！」という原点をわかりやすくみえる化しながら、従来の介護予防事業に新たなフレイル予防の概念を溶け込ませて進化していくことが必要です。そのためには工夫を凝らした形での個人の意識変容・行動変容と同時に、それを強力に促すための良好な社会環境の実現も併存することが必須です。

まさに「総合知によるまちづくり」として、自治体の庁内連携、専門職能団体や市民団体、企業などもかかわりを強化しながら、住民主体の機運を醸成していく必要があります。今こそ日本のヘルスケアの

底上げのために、フレイル概念に関するエビデンス創出とそれにもとづいた政策立案（evidence-based policy making: EBPM）、そして各自治体での迅速かつシームレスな行動、そして地域健康格差のない取り組みとなることを期待してやみません。

「笑う門には福来たる」ということわざがあるように、笑いの健康効果は以前から注目されていました。しかし、笑いの頻度が少ない人では脳卒中や心疾患などを有する割合が高いことなどが報告されているものの、笑う頻度と要介護状態との関連を調べた研究はありませんでした。

そこで、笑いの頻度（「ほぼ毎日」「週に 1 〜 5 回程度」「月に 1 〜 3 回程度」「ほとんどない」の 4 つ）と要介護状態の関連について、65 歳以上の高齢者約 1,400 名を 3 年間追跡した結果、「ほとんど笑わない人」は「ほぼ毎日笑う人」に比べて 1.42 倍、新規要介護認定リスクが高いことがわかりました。なお、性別、年齢、既往歴（高血圧、糖尿病）、喫煙、飲酒、家族構成、社会参加、抑うつ傾向、認知機能、身体機能、教育歴、等価所得の影響は取り除いています。

この研究から、高齢者の場合、よく笑うことが将来の要介護発生の抑制に有用である可能性が示されました。

笑いは、何か特別なことをせずとも、他者とのかかわりのなかで自然と生まれてくるものです。高齢者サロンなどはもちろん、オンラインのツールなども活用して高齢者の交流の場をつくることで、笑いの頻度を高めていくことで、結果的に要介護認定リスクを減らすことが期待できます。

服部真治

図 笑いの頻度別の新規要介護リスク

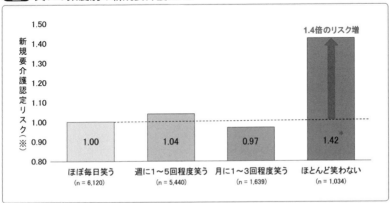

出典：Tamada Y, Takeuchi K, Yamaguchi C, Saito M, Ohira T, Shirai K, Kondo K. Does laughter predict onset of functional disability and mortality among older Japanese adults? the JAGES prospective cohort study. Journal of Epidemiology 2020; https://doi.org/10.2188/jea.JE20200051

官民連携で行う
フレイル予防事業

① フレイル予防は民間企業が創意工夫を凝らして 事業参入ができる分野

　生活習慣病、フレイル予防は、世界に先駆けて超高齢社会を迎える日本の最重要国家戦略の１つとして位置づけられます。

　地域の多くの高齢者は、虚弱化した老々世帯やひとり暮らしの生活環境となり、地域に密着した介護予防政策や生活支援の体制整備は喫緊の課題となってきます。特に、より早期の段階における予防政策、すなわち「フレイル予防」は、日常生活の延長線上で展開されるべきものであり、民間企業が創意工夫を凝らして事業参入ができる分野です。

　また、「フレイル予防」や「生活支援」は、学術研究と自治体と産業界とが協働して取り組み、地域住民の生活を維持するための新たな商品開発、情報発信につなぐ新産業（フレイル予防産業）が創出できる分野でもあります。

◼ フレイルチェックの自治体での導入の意義

　東京大学高齢社会総合研究機構の飯島勝矢教授は、この早期の段階でのフレイル予防を行うために、これまでの研究をもとに、FC を含めた複合型フレイル予防プログラムを完成させました。

　22 の項目からなる FC の結果は、電子データ化することより個人アプリ等で簡単に結果をみることができるような開発が進んでいます。また自治体においては、市区町村全体あるいは当該居住地域ごとに市民のフレイル度の比較や統計処理を行うことができるようになりました。

　最新のデジタル処理を活用することで個人に対しては、将来的な介護のリスクを改善するプログラムの提供などが期待でき、行政（保険

者）の立場からすると、フレイル度の進行に伴うハイリスク者への適正な介入方法（たとえば、食支援、運動支援、社会参加支援など個人の特性に応じた介護予防プラン）の策定や、さらにはケアマネジメントにおける参考資料としても用いることが可能となっています。また、既存の介護予防政策の効果分析などに活用することで、次年度以降の政策等に反映させることも可能となります。

2 フレイル予防は民間企業ができる一次予防分野

FC は病気を発見するための判定基準ではなく、早期の段階で本人に気づきを与え、よりよい生活改善を目指す「1次予防」を促すための指標の1つです。この FC は、民間の店舗や商店街などにおいても行うことができます。そして FC の結果を活用して、企業が個人を対象にしたビジネスとして取り組めば、地域経済の活性化に寄与し、政府が取り組む健康産業の振興にも貢献することが期待されます。

この FC が、自治体での手法とまったく同じ形で行われるのであれば、データを自治体でも活用することができ、従来の介護予防より早期の段階でフレイル予防の意識を民間事業者と共有することができます。地域商店街などフレイル予防に向けた官民連携事業をとおして、持続可能な地域づくりに貢献することが可能となってきます。

FC に参加した個人は、個人ごとにカスタマイズされて提供されるフレイル予防に資するさまざまな商品やサービスを利用することで、フレイルの進行を抑制することも可能な仕組みが生まれてきます。本人の将来的な介護のリスクを改善するプログラム等の利用を介して、フレイルになりたくないという国民の願望をビジネスチャンスに転換することもできます。

自治体にとっては、民間企業によるフレイル予防産業への参画は結果として、先々の介護保険や医療保険の負担減に寄与することにつながり、市民を含めて互いに WIN － WIN － WIN の関係の構築が期待できます。

言い換えれば、「官民連合のフレイル予防は、地域のフレイルも予防する新しいまちづくりの原動力」としての期待に応える最短の位置づけにあるともいえます。

② 官民地域連携で行うフレイル予防事業

■ 民間FC実施事業との連携

自治体は広報誌、公開講座などでフレイル予防に向けて市民啓発を行い、市の施設やサロン等でFCを実施します（**図2-20**）。

当該自治体において民間の特設会場（大型スーパーマーケット、ドラッグストア、フィットネスクラブ等）において、自治体が養成したフレイルサポーターがFCを実施します。また、フレイル予防商品やサービスを取り扱う地域商店街などの店舗（高齢者が日頃気軽に通える美容院・美容室、スポーツ用品店、健康機器店、レストラン、旅行代理店など）と連携し、フレイル予防事業協力店として組むこともできます。

図2-20 官民地域連携で行うフレイル予防事業

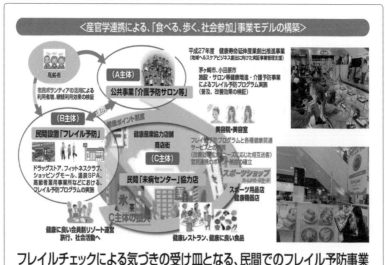

フレイル予防協賛事業者としても参加するメリットがあるから連携するという自律的な形が形成されることが期待されます。

2 民間でのFCの特徴

民間におけるFCの実施に際しては、来店、顧客サービスの一環として実施されることになりますが、うまく工夫することで、来店者数の増加により店舗の売上が伸びるというメリットも生まれてきます。自治体のFCと様式が一致していることで、来店者数が増えますが、その場を利用したフレイル予防キャンペーンなどでフレイル予防に関連する商品やサービスが紹介されることで購買意識の変化も期待できます。

FCに必要なフレイルサポーターの人件費や消耗品等の費用負担は、フレイル予防ポイントなどの地域クーポン券の発行などと連動させることができれば軽減することも可能です。

③ フレイル予防ポイント制度の創設と活用

このFCが広く普及することで市民の健康に伴う売上の継続にも寄与することから、一定のインセンティブとして行政が発行する「フレイル予防ポイント」のような取り組みも検討されています。

たとえば、BあるいはC主体で購入した特定のフレイル予防関連商品の売上額に対して仮ポイントとして付与しておいて、実際にFCを行った際に「フレイル予防ポイント」として商品やサービスの購入に使えるようにすれば、顧客は、商品やサービスを購入に合わせてフレイル予防を意識するようになり、行政（B主体）の目的と民間事業者（C主体）の目的とがよい関係でつながるのではないでしょうか。

このとき、自治体もフレイル予防の活動を介して、ポイント原資の一部を負担することで、地域事業者との協働事業としてその成果を確認し、持続的な取り組みとして位置づけることも可能となります。

④ 官民地域連携による FC 情報システムの構築と活用

　自治体との間で交わされた協定等により、民間事業者によって実施された FC のデータは、当該の自治体にそのままの形で提供されることで、自治体は大きな公費を使用しなくても、より多くの市民からのデータを入手することができます。また、企業は適正な個人情報管理のもと、本人の了解を得て FC の結果を企業に提供する見返りとして、個人ごとにフレイル予防に資するさまざまな商品やサービスの提供と購買につなげることができます（**図2-21**）。

　こうして産官連携を介して自治体に収集された FC の結果は、個人のフレイルデータの継続的記録により、行動変容に向けての動機付けや、集積されたデータをもとに、年齢や性別補正を行うことで、地域、区、市、県レベルの横断的比較、地域環境の将来予測等にデータ活用することができるようになります。

　また個人に対しての介入や介護認定時の自立支援の記録データが蓄

図2-21 民間活力の活用を含めたフレイル情報システム

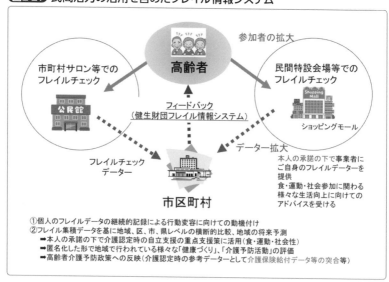

積してくることで、将来的には人工知能（AI）等による解析が可能となってきますが、これによって、民間事業者でのサービス提供や行政の高齢者介護政策、予防政策の適正化に向けての議論を推進させることが期待されます。

⑤ フレイル予防市場の開拓

日本は2025年を機にフレイル予備群の人口が激増しますが、市民の虚弱化予防に向けての行動変容は、「日常の生活の継続」そのものですので、日々の買い物であったり、旅行であったり、映画を観に行ったりそういった日常の生活を維持し続けることが、むしろ健康維持、フレイル予防になると考えます（**図2-22**）。

FCを自治体と商店街が一緒になって行おうとしている地域も出てきています。フレイル予防に向けた啓発を自治体が進め、市民の行動変容に向けた活動は民間にしてもらおうということであれば、結果的に公的負担が減り、民間事業者は高齢の顧客の集客増が図られること

図2-22 フレイル予防市場の開拓

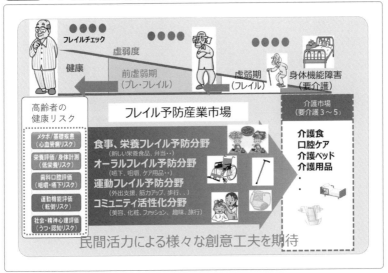

で、継続的な売上増につながる可能性が高くなります。

　美容院やスポーツ用品店、健康レストラン、旅行会社などといった地域の事業者も一緒になってフレイル予防に協賛して、地域丸ごと「フレイルに強いまちづくり」に取り組むという考え方は正しい方向だと考えています。

　地域の社会参加、社会性を保つコミュニティ形成に向けて民間の役割は非常に大きく、今後、フレイル予防事業の開拓に向けてさまざまな創意工夫が発揮される時代がやってくることを期待します。

第 5 節　フレイル予防産業の活性化

　「フレイルチェック」（以下「FC」という）のなかで、全国の自治体で実施されつつある FC の個人データを管理運用し、ビッグデータ分析にもとづく人工知能等を用いたサービスを提供することで、フレイル予防を軸とする官民連携事業の創出を支援することが可能となってきました。

　さらに、これらの基盤により、激増するフレイル高齢者に向けた自治体による新しい健康づくりサービスや介護予防政策、およびフレイル予防に資する新たな民間事業の創出性がみえてきました。

　すなわち、市町村では、①地域ごとのフレイルのデータ解析、経年によるフレイル進行変化の予測、②介護認定時の客観データ活用、介護認定後の自立支援プログラム作成等の介護予防政策の立案に上記データ分析の結果を活用することにより、最終的には医療費適正化計画・介護給付適正計画に寄与することを検証します。民間事業者では、個人のフレイルのデータを活用して、顧客ごとに最適なサービス・商品を提供することによる健康レベルや健康リテラシーの向上、ならびにビッグデータを活用することにより、地域ごとの販売戦略等への反映が可能となってきます。また、フレイル予防に必要な新しい商品の開発等にデータを活用することにも貢献できます。

　そして、ビッグデータ活用は民間事業者と連携することにより、民間事業者の購買データやフレイル予防商品やサービスなどの情報とのマッチングが個人サービスの拡充や活性化につながります。

　すでに人工知能（AI）を活用した市町村の政策立案（健康づくりプラン、介護予防プラン、自立支援プラン）が事業化されてきています。しかし、民間事業においては、個人ごとの食、栄養、運動にかかわるフレイル予防プランの立案やさまざまなフレイル予防産業創出（買い物、掃除、家事支援等に向けての日常生活支援プランを提供すること）が期待されていますが、その指標や仕組みが整っていないた

め、実現されていないのが現状です。

第5節では、民間でのフレイル予防産業の活性化に向けて、産官連携の視点からさまざまな取り組みについて解説します。

① フレイル予防は民間企業も取り組む分野（官民協働実施ガイドライン）

前述してきたように、FCは、その手法が自治体とまったく同様の形で行われるのであれば、民間事業者においても行うことができるように設計されています。これにより官民が連携して地域のフレイル予防を行うことも可能となり、より多くの民間事業者によるフレイル予防への事業参入が期待されることになります（**図2-23**）。

しかし、民間事業者が、独自の方式でFCや健康チェックを進めても、自治体は、民間事業者の結果を活用することは困難で、評価することができません。自治体との連携のもとで民間事業者による官民協働のFCの普及が促進されやすいようなマニュアルやルールをつくることが重要となってきます。

図2-23 官民情報連携で行うフレイル予防事業

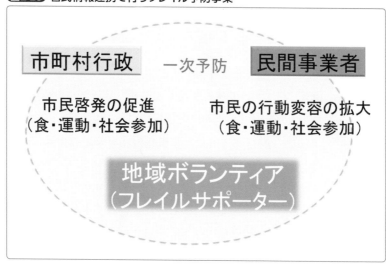

このような背景のもと、東京大学高齢社会総合研究機構の飯島勝矢教授は、「FC市区町村実施ガイドライン」に加えて、「FC事業官民協働実施ガイドライン」を策定しました（**図2-24**）。

FCをすでに行っている市区町村において、官民協働により民間事業者がFCを実施するうえでの事業導入の流れや具体的な実施方法、得られたデータの取り扱いなどについてのガイドラインを定めたものです。

「FC事業官民協働実施ガイドライン」は市町村でのフレイルチェック実施ガイドラインを基本に枠組みを体系化したもので、144頁の囲み部分のような項目からなります。

図2-24 フレイルチェック（FC）事業（官民協働実施事業）の体系図（案）

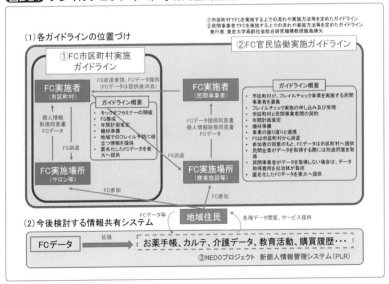

①官民協働による FC 事業

②民間事業者による FC 事業導入の流れ

③具体的な実施方法

④ FCデータの管理方法

⑤フレイル予防情報の整理及び発信

⑥年間計画策定

　民間事業者による保険外フレイル予防商品・サービスとフレイルハイリスク者を対象にした公的な介入を含めて、広い視野で誰もが必要なサービスを選択、あるいは享受できることが地域社会の重要な課題ですが、FC 官民協働実施によって、やがて増加するフレイル中度〜重度リスク者に対するフレイル予防介入が適正に遂行され、健康寿命の延伸に成功することで、民間事業者の取り組みが評価され、さらなるフレイル予防産業の活性化につなげることを目的としています。

　FC が多くの地域で実施され、より多くの地域住民がフレイル予防を目指すことが重要ですので、本ガイドラインで示すような民間活力の活用は、国の政策の方針にも沿うと考えています。

　千葉県柏市では、本ガイドラインに沿って、自治体と民間事業者の間で交わされた FC 事業の協働実施に向けた協定書等が交わされ、民間の商業施設での FC の試行事業が行われています。

❷ 官民地域連携による FC 情報システム

　民間事業者によって実施された FC のデータは、当該の自治体にそのままの形で提供されることで、自治体は公費を使用しなくても FC の参加者を拡大することができ、より多くの市民のデータを入手することができます。また、企業は本人の了解を得て、適正な個人情報管理のもと、FC の結果を活かして、個人ごとにフレイル予防に資する商品やサービスが提供できます（**図2-25**）。

図2-25 民間活力の活用を含めたフレイル情報システム

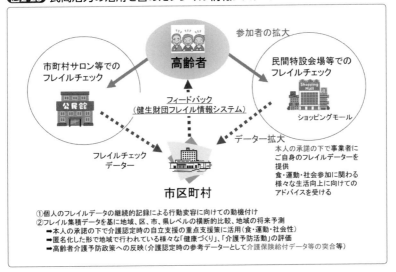

①個人のフレイルデータの継続的記録による行動変容に向けての動機付け
②フレイル集積データを基に地域、区、市、県レベルの横断的比較、地域の将来予測
　■本人の承諾の下で介護認定時の自立支援の重点支援策に活用（食・運動・社会性）
　■匿名化した形で地域で行われている様々な「健康づくり」、「介護予防活動」の評価
　■高齢者介護予防政策への反映（介護認定時の参考データーとして介護保険給付データ等の突合等）

　各地で行われたFCで得られたフレイルデータは、FCを実施した市町村が管理することになりますが、そのデータを安全に収集、記録、データ解析、保存管理するためには、個人情報の管理体制が必要です。

　一般財団法人健康生きがい開発財団では、個人を特定できないFCのIDを用いて、フレイルデータのOCR自動読み取り装置を開発し、データのデジタル変換を行い、集中管理ができるシステムを開発して実用化しており、その一端を紹介します（**図2-26 図2-27**）。

　FCデータは自治体と民間事業者で、まったく同一のシステムで管理されることから、147頁の囲み部分に示す項目を明らかにすることを可能としたシステムです。

図2-26 フレイルチェック (FC) 情報処理システム

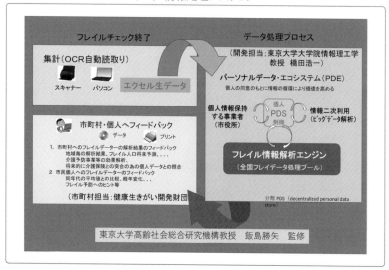

図2-27 フレイルチェック (FC) データシート化

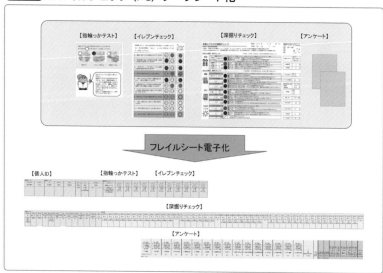

①FCを受ける人ごとにフレイルIDナンバーを付記したカード（FCカード）を配布し、本人が設定したパスワードで自らのデータを知ることができます。

②市町村、あるいは民間企業等のどこでFCを受けても、その会場でそれまでの自らのデータがフィードバックでき、また自身のスマートフォンやPCでも回覧ができます。参加者がみずから改善への意欲をもてるよう工夫することが可能です。

③匿名化した形で自治体ごとにデータ解析として
・統計処理システム（個人フレイルデータ予測解析）
・統計処理システム（市町村人口動態住所地解析との連結）
・統計処理システム（市、県、国レベル、フレイル度予測、地域分析）
・市町村・民間・個人のデータ結合によるAI統計処理化検討

こうして産官連携を介して自治体に収集されたFCの結果は、個人のフレイルデータの継続的記録により、行動変容に向けての動機づけや、フレイル集積データをもとに地域、区、市、県レベルの横断的比較、地域の将来予測等に活用ができます。

また、個人に対する介入や介護認定時の自立支援の記録データが蓄積されることで、AI等による解析が可能となってきますが、これにより、民間事業においても、個人の健康に資するさまざまなデータと突合することで、個人がフレイルになりにくい商品やサービスの提供に向けての情報システム化が期待できるようになります。

さらに、自治体においても高齢者介護政策、予防政策の適正化に向けての詳細検討に応用できることが期待されています。

③ FC統計レポートシステムの概要とデータ出力の実際

ここではFCデータ（データベース）および自治体から提出されるインプット情報をもとに統計アウトプットデータを作成するシステムについて解説します（図2-28 図2-29）。

インプット情報としては、地域で実際に測定された個人IDごとのFC生データと、自治体の基礎情報として次の事項が挙げられます。

図2-28 フレイルチェック（FC）処理システムの構成

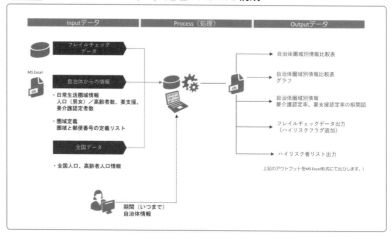

図2-29 アウトプット自治体圏域別情報比較表

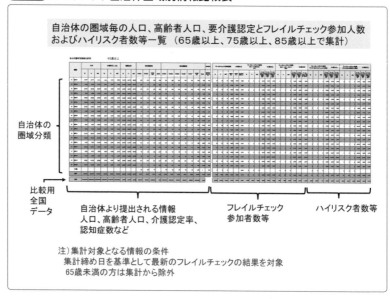

①自治体圏域別情報比較表

自治体の圏域別の人口、高齢者人口、要介護認定、要支援認定の

数と、FC の参加者、ハイリスク者の数等を一覧表形式で出力します。

　最下部には全国データを配置しています。これによって、圏域ごとに現在の介護認定者数とフレイルハイリスク者数が把握できます。

②自治体圏域別情報比較表のデータをグラフ化

③自治体圏域別情報要介護認定率、要支援認定率の相関図

　相関図は圏域をn数（点の数）とした以下の4種類を出力。

　要支援認定率：FC 参加者数

　要介護認定率：FC 参加者数

　要支援認定率：FC（リピーター）

　要介護認定率：FC（リピーター）

　これによって自治体圏域別に FC の参加数、リピーター数と介護認定の相関性が出力され、地域の介護予防活動との相関性をみることができます。

④自治体ごとの FC データ（個人結果）にハイリスクフラグを追加したものを出力（また、ハイリスク者に該当する FCID のリストを出力）

　これによって自治体内部でハイリスク者のみを集計し対応がやりやすくなります。リピーターについては、過去の経緯を把握することができます（**図2-30**）。

⑤自治体ハザード率／個人（介護）ハザード率の算出

　統計分析用データを用いて、COX 比例ハザードモデルによる分析を行い、自治体ごとの「自治体ハザード率」および個人ごとの「個人ハザード率」が出力できます。COX 比例ハザードモデルの分析では、要介護認定を受けるまでの時間データ（追跡期間）のほかに、年齢や性別、FC の結果などの共変量を用いることで、共変量が要介護認定を受けるまでの期間に与える影響を調べることが可能になりました（**図2-31**）。

図2-30 自治体圏域別情報比較表グラフ

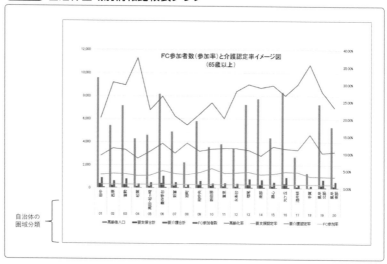

図2-31 統計レポートシステム（自治体ハザード率、個人ハザード率の算出）

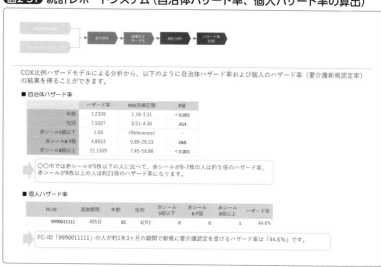

COX比例ハザードモデルによる分析から、以下のように自治体ハザード率および個人のハザード率（要介護新規認定率）の結果を得ることができます。

■ 自治体ハザード率

	ハザード率	95%信頼区間	P値
年齢	1.2339	1.16-1.31	<0.001
性別	1.5027	0.51-4.36	.454
赤シール5個以下	1.00	(Reference)	-
赤シール6-7個	4.8553	0.89-26.53	.068
赤シール8個以上	21.1309	7.45-59.88	<0.001

○○市では赤シールが5枚以下の人に比べて、赤シールが6-7枚の人は約5倍のハザード率、赤シールが8枚以上の人は約21倍のハザード率になります。

■ 個人ハザード率

FC-ID	追跡期間	年齢	性別	赤シール5個以下	赤シール6-7個	赤シール8個以上	ハザード率
9990011111	455日	85	1(女)	0	0	1	44.6%

FC-ID「9990011111」の人が約1年3ヶ月の期間で新規に要介護認定を受けるハザード率は「44.6%」です。

出力例1）
　〇〇市〇〇地区では赤シールが5枚以下の人に比べて、赤シールが6
〜7枚の人は約5倍のハザード率、赤シールが8枚以上の人は約21倍の
ハザード率となる。

出力例2）
　前年 FC-ID「99990011111」の人は約1年3か月の期間で新規に要介
護認定を受けるハザード率は「44.6％」である。しかし、今年度赤シー
ルが6枚になったので、要介護認定を受けるハザード率は「25.1％」に
減少する。　　　など

④ FC 統計システムの強化と活用

　超高齢社会において、民間事業者によるフレイル予防に資する商
品・サービスとフレイルハイリスク者を対象にした適切な介入を含め
て、広い視野で誰もが必要なサービスを選択、あるいは享受できるこ
とが地域社会の重要課題となりつつあります。FC ができる限り普及
し介護予防が幅広く実現するためには、市区町村行政による実施だけ
でなく、民間事業者がその運営する施設を活用し市区町村と連携し、
市区町村実施と同じ内容の FC を実施するとともに、FC データを市
区町村に一元化することで、さらに強化させることができます。

　日本各地で始まったフレイル予防を基軸とした新しい介護予防政策
は、地域の豊かな人間関係と市民活動の好循環（ソーシャルキャピタ
ル）構築の源泉であり、その結果として将来の介護給付費や介護保険
料の増大を抑制することを可能とし、医療、介護給付の適正化、持続
可能な介護保険制度の構築に資するものと確信しています。

⑤ フレイル予防産業の活性化と将来展望

　超高齢社会において、自立（健康）状態およびフレイル（虚弱）状
態高齢者への対応（ポピュレーションアプローチ）と、介護保険を適
用された高齢者への自立支援への対応（ハイリスクアプローチ）に向

図2-32 フレイル予防の構図

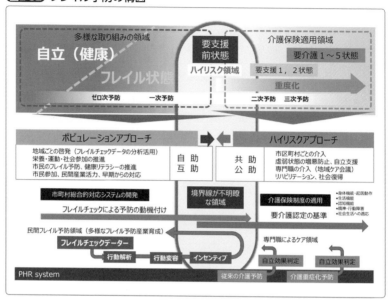

けては、個人の生活の状態を把握する事業（FC）は重要な位置づけ
となってきます。

　すなわち、地域住民を対象にしたフレイル予防を起点とする自助・
互助の展開と、共助・公助の展開に至るまでの政策の体系化の大き
な糸口が、データの蓄積と活用を可能とする FC システムなのです
（**図2-32**）。

　今後のフレイル予防を基軸とした情報システムの研究課題として、
153 頁の囲み部分に示すように、さまざまな項目が掲げられます。

① FCの結果と自治体の介護保険制度と突合させるソフトウエアの開発

②要支援、要介護の状態（介護認定後）の段階で、自立支援の効果を、個人のFCを介して評価するシステム開発

③ FCの結果を広く民間のサービス開発に応用できるシステム開発

④フレイル予防ポイント等多くの国民がフレイル予防に関心をもたせるための官民による運用するシステム開発

⑤人工知能を活用したビッグデータ解析への統合

　多くの国民が100歳時代を迎える時代に、個人の医療データだけではなく、FCに代表される生活データが大きな役割を担っていくことは明白です。

　FCデータを起点とし、フレイル予防に向けたさまざまな民間サービス、個人が日常的に有する、医療、健康データ、購買データ、移動等の交通データ、趣味娯楽等のデータ等がPHRとともに統合されることによって、自助、互助、共助、公助の関係がデータで初めてつながることができます。

　さらにはこれらのデータを基にした人口知能の活用は、高齢者の日常生活支援、介護ロボットの活用の質的向上につながります。虚弱化した高齢者層の生活を補完する民間企業のさまざまな役割がクローズアップされる時代が間近に迫ってきています。

　私たちの研究チームは2004（平成16）年から、絵本の読み聞かせの手技を認知症予防・介護予防に活かそうというボランティアプログラム「通称：りぷりんと」を継続しています。現在、一般介護予防事業として、首都圏中心に、およそ20自治体で展開されています。週1回2時間ずつ3か月間の絵本読み聞かせ講座を受講し、音読や発声法、選書法等を習得後、シニアボランティアとしてグループを結成します。ボランティアは、地元の小学校や幼稚園、保育園、学童クラブなどで定期的に読み聞かせを行うとともに、事前の練習や図書館通い、ボランティア仲間とのミーティング・勉強会等、1日1時間以上は、ボランティアに関連する活動に時間を費やします。

　9か月間の試行期間の効果として、ボランティア群は健常対照群に比べて健康度自己評価、ソーシャル・ネットワーク、握力に維持・改善効果がみられました。その後、地元自治体と連携して、ボランティアグループの自主運営を支援しています。

　7年間追跡した結果、ボランティア群（62名）は対照群（100名）に比べてファンクショナル・リーチ（＝動的バランス力を評価する体力指標）や知的能動性（状況対応能力や知的好奇心の指標）、近隣の子どもとの交流頻度（世代間交流の指標）において長期間の維持・改善効果を認めました。読み聞かせボランティアを始めてからは、「忙しくなり、家事・用事もテキパキこなしています」や「滑舌や発声の訓練も日課です」とか、活動範囲が広がり、「1日1万歩以上歩く日もしばしばあります」との声を聞きます。

　子どもへの貢献に生きがいを感じ、ボランティア仲間と絵本を楽しむから継続できる―文化系のプログラムでも、介護予防に資する―まさに「多様な通いの場」の好事例ではないでしょうか。

藤原佳典
（東京都健康長寿医療センター研究所 社会参加と地域保健研究チーム 研究部長）

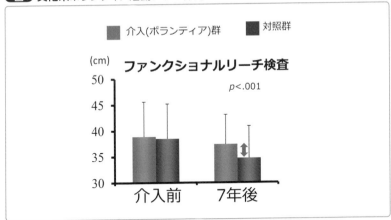

図 文化系ボランティア活動による体力の長期維持効果

出典：Sakurai et al. (2015) *Arch Gerontol Geriatr*

　群馬県の一山間地域における高齢者約 1,500 人を対象とした平均 7 年（最大 12 年）の追跡研究[1] では、①体重減少（6 か月以内に 2 〜 3kg 以上）、②握力低下（男性 26kg 未満、女性 18kg 未満）、③「自分が活気にあふれているか」の質問に「いいえ」と回答、④歩行速度が毎秒 1 m 未満、⑤外出が 1 日 1 回未満、という 5 項目のうち 3 項目に該当をフレイル、1 〜 2 項目該当をフレイル予備群と定義して追跡した結果、**図1** に示すように、男女ともにフレイル無し群に比べて、フレイル予備群、フレイル群とフレイルが進むほど、その後の自立喪失（要介護発生または死亡）の程度が大きくなることが示されました。

　一方、**図2** に示すように、メタボリックシンドローム区分と自立喪失割合との間には明らかな差はみられませんでした。多変量解析の統計解析の結果、フレイル無し群を基準とした場合、フレイル群では自立喪失の発生リスクは約 2.4 倍と推定されましたが、メタボリックシンドロームでは自立喪失リスクの上昇は認められませんでした。この点は、今後、国民全体を対象とした大規模な研究で追試されるべきと考えられます。

　メタボリックシンドロームが脳卒中などの循環器疾患の危険因子であることはすでに多くの研究で示されており、わが国では特定健診・特定保健指導が国の制度として実施されています。したがって、メタボリックシンドロームを予防・改善していくことは、循環器疾患の発症を抑えることにつながり、その結果として健康余命の延伸に貢献すると考えられます。

　しかしながら、健康寿命の延伸を目標にする場合は、高齢期にはメタボリックシンドロームよりもフレイルに着目して、その進行を防止することが健康余命の延伸に大きく寄与すると考えられます。

北村明彦

（東京都健康長寿医療センター研究所　社会参加と地域保健研究チーム　研究部長）

図1 フレイル区分別にみた自立曲線
　　　（群馬県山間地域、健診受診高齢者）

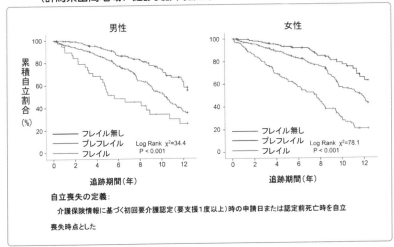

自立喪失の定義：
　　介護保険情報に基づく初回要介護認定（要支援1度以上）時の申請日または認定前死亡時を自立

喪失時点とした

出典：北村明彦、他．日本公衛誌　2017；64(10):593-606. より作図

図2 メタボリックシンドローム区分別にみた自立曲線
　　　（群馬県山間地域、健診受診高齢者）

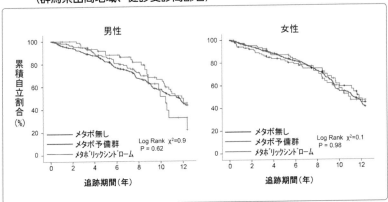

出典：北村明彦、他．日本公衛誌　2017；64(10):593-606. より作図

引用文献 ……………………………………………………………………

1. 北村明彦、他．日本公衛誌　2017；64(10):593-606.

フレイルハイリスク者への
アウトリーチ体制

　地域において、フレイル概念にもとづく保健事業と介護予防を一体的に実施していくためには、フレイルのハイリスク者を選定し、専門職種へつなぐ連携体制が求められています。このフレイルハイリスク者の選定にはスクリーニング基準が必要であり、フレイルチェックでは、シールの枚数で一定の基準を設けてスクリーニングしています。

　また、選定されたハイリスク者に対しては、適切な保健・医療・介護・生活支援につなげる体制や仕組みづくりが必要です。そこには保健師などの地域包括支援センターの専門職、地域リハビリテーション活動支援事業などの専門職、歯科医や歯科衛生士などの歯科専門職、栄養士等の多職種協働が必要です。このような体制の構築により、ハイリスク者に対する栄養・口腔、身体活動、社会参加のフレイル対策の包括的なアプローチが可能となります。

① 元気高齢者をハイリスク者の支え側へ

　高齢者の社会参加や専門職のマンパワー不足といった課題を考えると、状況によっては専門職による支援に加えて、フレイルチェック場の担い手である元気高齢者、フレイルサポーターによるアウトリーチ体制が必要となってきます。つまり、フレイルサポーターをエンパワメントすることで、ハイリスク者を支える側として活躍していただくことになります。

　そのためには、行政や地域包括支援センターや生活支援コーディネーター、社会福祉協議会、専門職と情報を共有できる体制や、地域の居場所や活動組織を理解・連携できる体制が求められます。特にフレイルサポーターについては、地域の活動や資源を把握しながら、ハイリスク者に対して助言・誘導ができるように、他の地域活動・組織・資源との関係を構築する必要があります。

　さらに、フレイルサポーター等の元気高齢者がハイリスク者へのア

ウトリーチのために新しいプログラムや活動を主体的に立ち上げることで、支援体制が強化されます。そのためにも、行政、社会福祉協議会、専門職などと連携して、地域の多様な活動・組織とのつながりづくりが重要です。

❷ 専門職による支援と地域資源 ～医療・介護情報の一体的分析が必要～

一方、専門職による支援の必要性が高いフレイルハイリスク者に対しては、地域包括支援センターの保健師や看護師などの専門職が対応し、地域のリハビリテーション専門職、歯科専門職、栄養士等による訪問型・通所型サービスCや一般介護予防事業などにつなげるための体制構築が進められています。

今後、フレイルハイリスク者の把握方法としてはKDBシステムを活用しながら、効果的・効率的に行っていくアウトリーチを目指すことが必要です。具体的には、市町村別、県別および全国での集計情報や保険者の情報を比較検討し、みずからの特徴を明らかにします。さらに、個別データにも着目し、フレイルハイリスク者一人ひとりの医療・介護レセプト、健診データ、要介護度などの情報、質問票の回答等を一体的に把握・分析し、支援すべきサービスを明確にすることも必要です。

このような分析によって、地域の高齢者の全体像を俯瞰し、支援の必要な高齢者の概数を把握し、地域において必要とされる取り組みや人的資源・体制を検討し、実現可能性の観点から、保健事業における取り組みの優先順位をつけて、事業を推進することが望ましいといえます。

また、ハイリスク者の把握にあたっては、前述のように住民に身近な場所で住民主体の通いの場などが行われるように支援していくとともに、必要に応じて専門職による助言・支援を行うことで、ハイリスク者をより早期に見つけ出すことも可能になります。

フレイル段階に応じた明確なアウトリーチ体制や役割分担ができるためには、高齢者が受けることができる支援等の地域資源のリスト化・データベース化や、ハイリスク者の希望や状況に合った既存の地域資源とのマッチングシステム、つなぎ方の具体的なマニュアル化などの環境整備が必要です。

　また、対個別の介入だけではなく集団介入の方法も必要です。ハイリスク者に対する支援内容にもよりますが、集団で取り込むことができる、また集団だからこそ支援効果が向上する内容を検討する必要があります。たとえば、低栄養のリスクが高いフレイル高齢者に対して、配食サービスなど食支援を行うだけでなく、そうした人たちを集めて、一緒につくって食べる共食を行うことも重要です。

　ハイリスク者の支援に対して、オンラインを活用する方法も検討する必要があります。ハイリスク者の高齢者で買い物や地域活動に対して積極的でない人には、フォローや支援のためのオンライン活用も1つの方法です。

　このように、介入の必要性の高い対象者をそれぞれの自治体の組織体制や状況に合わせて、必要な資源につなぐ仕組みが重要です。

　今後、多くの自治体にてフレイルハイリスク者へのアウトリーチ体制を構築していくためには、上記の課題に加え、フレイル予防にかかわるすべての職種が、通いの場を活用したフレイルチェック等により、身体活動・口腔・栄養・社会参加等の保健事業・介護予防を実施することで、潜在的なフレイル予備群への幅広いアプローチが可能となり、「高齢者の保健事業と介護予防の一体的実施」につながるという共通意識のもと実施していくことが重要です[1]。そのためには、自治体の関係部署や専門職が情報共有・連携し、事業を実施していく必要があります。

引用文献

1. 飯島勝矢、ほか.「老人保健事業推進費など補助金（老人保健健康増進等事業）「集いの場／通いの場における包括的フレイル総合評価による段階別アウトリーチ体制構築に向けての調査研究事業」令和1年　事業実施報告書.2020年3月

第 3 章

地域における
フレイル対策の取り組み

事例1 東京都文京区

◆ **地域の基本情報** 2021（令和3）年2月現在

人　　口	226,578人
面　　積	11.29㎢
人口密度	20,069人／㎢
高齢化率	19.2%
一般介護予防事業における「通いの場」の数	26か所

◆ **地域の特徴**

　文京区は東京都の区部（23区）の中心地に近く、都心3区（千代田区、中央区、港区）のやや西北部に位置しています。5つに分かれた台地とその間の低地部分からなり、勾配の急な坂が多いのが特徴です。

　東京大学を含めて19の大学・短期大学が立地するなど、日本の学術研究と高等教育推進の中心的役割を果たしています。また、小石川後楽園や六義園などの貴重な緑地も残されています。地場産業として、印刷・製本業や医療関連産業が発展しています。

① 取り組みのプロセス

① 取り組みを始めたきっかけ

　文京区では、2019（平成31）年4月1日に東京大学高齢社会総合研究機構と「東京大学高齢社会総合研究機構と文京区との連携に関する協定書」を締結し、「文の京フレイル予防プロジェクト」をスタートさせました。

それ以前から、定年退職などの節目を迎えた人たちに地域で活躍してもらうこと、閉じこもりがちな高齢の方に地域とつながりをもってもらうことを目的として、高齢者の社会参画への支援に力を入れてさまざまな事業を展開してきましたが、既存の事業に興味をもって参加してもらうことが難しい人たちにどうアプローチするかということが、大きな課題となっていました。

そこで、区内にある東京大学で開発・推進しているフレイル予防の仕組みに着目し、「フレイル予防」が新たな人たちの活躍の場となり、「フレイルチェック」に興味をもって参加する人たちとつながる契機にもなるものと考えました。また、文京区社会福祉協議会（文社協）と緊密に連携することで、地域に密着したフレイル予防事業の展開ができるとともに、地域のつながりづくりにも貢献することを視野に入れて取り組みを開始しました。

② 区の事業における位置づけ

「文の京フレイル予防プロジェクト」は、これまで区が実施してきた介護予防事業や社会参加につながりにくかった人たちにアプローチし、区の介護予防や住民主体の通いの場「かよい〜の」その他の事業につなげていく「入口」となることで、既存の事業をより活性化することが可能になります。

また、フレイル予防事業では、フレイルチェックを受ける人たちと近い世代の区民が「フレイルサポーター」として実施することが大きな特徴です。同じ地域に暮らすフレイルサポーターが活躍することで、より地域に根づいた活動となり、フレイルチェックにとどまらず、区民目線でさまざまな活動を生み出していくことにもつながります。

2021（令和3）年度からの高齢者・介護保険事業計画には、地域のさまざまな資源と連携しつながりをつくるキーパーソンとして、フレイルサポーターを位置づけています（**図3-1**）。

図3-1 フレイル予防の展開イメージ図（案）

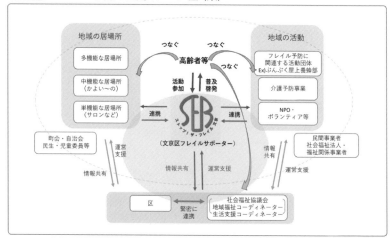

　また、文京区のフレイル事業の特徴の1つとして、前述したとおり文社協との緊密な連携があり、事業の立案時から現在まで、それぞれの強みを活かし、協働で事業を推進していますが、詳細は後述します。

② 取り組みの現状

■ フレイル予防事業の取り組み

　2019（令和元）年5月、東京大学の飯島勝矢先生に登壇していただいた講演会から「文の京フレイル予防プロジェクト」が本格的に始動しました。この講演会でフレイルサポーター養成講座実施の案内をしたほか、文社協と連携して「かよい〜の」等で活動している人にも周知を行いました。同年6月にサポーター養成講座を開催し、20名の第1期フレイルサポーターが誕生して活動が始まります。

　また、フレイル予防事業実施にあたっては、「かよい〜の」などで指導を行っている健康運動指導士2名が「フレイルトレーナー」の役割を担い、東京都理学療法士協会文京支部から派遣されている3名の理学療法士に、「顧問トレーナー」としてフレイルチェック実施にあ

たっての助言、指導を受ける体制をとりました。

　フレイルチェックは 2019（令和元）年 7 月から始まりました。同年度には、計 9 回のフレイルチェックを実施し、延べ 147 名の方に参加してもらいました。そのうち、6 回（3 会場）は一般公募、2 回は「かよい〜の」の開催日に会場へ出張して実施、残りの 1 回は 7 月に参加いただいた人へ 2 回目のチェックを行いました。

　2019（令和元）年度の参加者 147 名において、赤シールの数は平均 5.7 枚（22 枚中）、8 枚以上の人も全体の 3 割程度となりました。新規の人に向けてフレイルチェックのプログラムを実施するなかで、フレイル予防に関する基本的知識の提供に加えて、運動の紹介や「かよい〜の」の紹介も行ってきましたが、実際の行動変容や関連事業の利用につなげていくことは大きな課題です。新規ではなく 2 回目の参加者には、グループワークをとおして他の参加者やサポーターと話しながら、目標を立ててもらうようにしました。

2 フレイルサポーターによる活動のあゆみ

　2019（令和元）年 6 月に誕生した第 1 期フレイルサポーターは、お互いにニックネームで呼び合うところから始まり、チームワークを大切に、歩みを進めてきました。8 月からは月 1 回、フレイルチェックの練習や意見交換を行うフレイルサポーター定例会を開始し、親睦会

も開催しました。

　また、チームの名前をつけようとの声が上がり、意見を出し合って「ストップ！　ザ・フレイル 文京（通称：SFB）」と決まり、ロゴマークも作成して、さらにチームとしての意識が高まりました。

　同年11月にSFBのなかでもリーダー的な役割を担う「総務部」を立ち上げ、12月頃からは、これまで「フレイルチェック」を重ねるなかで、会の進め方に関していろいろなルールづくりを重ねてきたことから、マニュアルづくりにも取り組みました。

　その後、新型コロナウイルス感染症の流行に伴ってSFBの活動も休止していましたが、2020（令和2）年4月に入り、さらに状況が深刻となり先が見通せないなかで、サポーターやトレーナーがお互いの状況を心配し、SFBの集まりを、web会議ツールZoomを利用してオンラインで行おうとの話が持ち上がります。IT関係に詳しいサポーターを中心に互いに教え合い、当日には予定していたメンバー全員が参加できました。外出自粛が続くなか、顔を合わせて話すことができたことは大きな喜びとなりました。

　Zoomを活用できる環境がなく会議に参加できないサポーターも考慮し、チームの結束力を維持するため「SFBニュース」を発行して、メールや紙媒体でも会議の様子や情報を共有することにしました。さらに、週1回程度Zoomを使って一緒に身体を動かす取り組みも行い、Zoom不参加のメンバーも、PG（Phone Group）として電話越しに話しながら一緒に運動を行いました。

　7月からは感染防止対策をとりながら会場に集まっての定例会も再開し、コロナ禍のなかでどんな形でフレイル予防に取り組めるか話し合い、区民向けケーブルテレビの番組制作や、後述する「続けよう！フレイル予防」を企画しました。

　新型コロナウイルス感染症の影響によって、フレイル予防事業は大変難しい局面となりました。しかしこの間、オンラインツール活用へのチャレンジや、フレイル予防の取り組みをみんなで進めていくため

図3-2 ＳＦＢ ニュース No.1

の新たな体制づくりに取り組み、SFBの役割をあらためてじっくり
考え、ウィズ・コロナ時代のフレイル予防事業の展開を準備する期間
になったと考えています。

3 ウィズ・コロナのなかでの SFB の取り組み

　コロナ禍のなかでのフレイル予防の取り組みを進めるにあたり、
「身近な地域」「小規模」「短時間」で安心して参加してもらえる取り
組みとして、2020（令和2）年9月から簡易チェック、軽い運動、グ
ループワークからなる「続けよう！フレイル予防」を開始しました。
　2019（平成31・令和元）年度フレイルチェック参加者へのフォロー

アップとして、参加者は4〜7名程度、サポーター3〜5名程度の会として実施しています。1時間強のなかで、簡易チェックによって自身の健康状態を改めて確認することができ、運動は自宅でもできるようにポイントを伝えながらサポーターがリードをとって一緒に行います。

　グループワークでは、サポーターも含めて4〜5名のグループに分かれ、距離をあけて車座になって話します。住まいが近い参加者やサポーターが集まる場合が多く、再開した体操教室への参加につながったり、「外で会ったら声をかけ合いましょう」と新たなつながりができたり、社会参加が難しい状況のなか「こんな参加の形もあるよね」とさまざまな気づきがあります。回を重ねるごとに改善を加え、SFBメンバーも手応えを感じながら取り組んでいます。

❸ 社会福祉協議会との連携

　文京区のフレイル予防事業の特徴の1つが文社協との緊密な連携です。ここでは、特に連携の要を担ってきた地域福祉コーディネーター兼生活支援コーディネーターの役割や連携内容を中心に説明します。

1 地域福祉コーディネーター・生活支援コーディネーターの配置

　文社協では、2012（平成24）年度から「地域福祉コーディネーター」を配置し、その役割に兼務した形で、2016（平成28）年度から「生活支援コーディネーター」を日常生活圏域（4圏域）ごとの2名ずつ、計8名配置し、さらに2019（平成31・令和元）年度から2名増員して、計10名のコーディネーターを配置しました。

　地域福祉コーディネーターの役割は、地域の人々や関係機関と協力して課題を明らかにし、解決に向けた支援をすることです。また、住民主体の地域活動に対する立ち上げや運営支援も行います。一方、生活支援コーディネーターは、住民の主体的な介護予防活動や生活支援体制づくりを推進する人材として位置づけられています。コーディ

ネーターはこの両方の役割を駆使しながら、地域ニーズを「活動」という形にしていくサポート役を担っています。さまざまな地域ニーズがありますが、特に居場所づくりの推進に力を入れて取り組んでいます。

2 居場所づくりの推進

　文京区には、週に5日開催され、年間に5,000人の方が訪れる常設型の居場所「こまじいのうち」や、週1回開催されている居場所、月に1回開催されている子ども食堂まで、さまざまな居場所づくりの活動があります。居場所づくりは、地域づくりとして重要ですが、さまざまな個人がつながり、見守り合い、役割を発揮し、そして生活を支え合う場にもなっています。

　「活動を始めたいけど、何から始めればよいかわからない」「始めてみたけれど、こんな課題がありどうしたらよいか」などの相談がコーディネーターに入り、一緒にどのように活動を形にしていくことができるかを考え、課題を乗り越えています。文京区では、常設・総合的・互助・交流の機能をもち、週に3日以上開催している居場所を「多機能型」、互助・交流の機能をもち、週1回程度開催している居

図3-3 かよい〜の MAP

①	それいゆ	体操・エアロビなど
②	コーシャ千石ふれあいサロン	文の京体操など
③	かよい〜の風のやすみば	貯筋体操など
④	転ばぬ先のストレッチサロン	転倒予防体操など
⑤	文京吹矢人クラブ	吹矢・体操など
⑥	ひよりクラブ	スクエアステップなど
⑦	のぞみ会	転倒予防体操など
⑧	カナリア会	音楽療法・介護予防体操など
⑨	コーシャ千石クラブ	カーレットなど
⑩	とらいあんぐるタイム	貯筋体操など
⑪	みょうがの会	ストレッチ・運動など
⑫	あすなろ会	音楽療法・筋トレ体操など
⑬	同友会たんぽぽ	ストレッチ・輪投げ・ボッチャなど
⑭	ハイビスカス	体操・フラダンスなど

⑮	めじろ台GGC	グラウンドゴルフなど
⑯	コミュニティーカフェひまわりママ	ころばぬ体操など
⑰	向丘クラブ	カーレットなど
⑱	文京クラブ	カーレットなど
⑲	湯島元気体操会	呼吸法・ストレッチなど
⑳	文京ノルディックウォーク友の会	ノルディックウォークなど
㉑	つつじクラブ	健康マージャンや輪投げなど
㉒	みんなの体操	ストレッチ・体操など
㉓	しのばず	カーレット・ゆる体操など
㉔	だれでもテニス汐見	体操・ソフトテニスなど
㉕	MEGUMI会	転倒骨折予防体操など
㉖	昭和体操火曜グループ	介護予防体操など
㉗	文京ボッチャの会	ボッチャ・体操など
㉘	いきいき体操千駄木	転倒骨折予防体操など

※令和2年3月末「かよい〜の」登録団体

169

場所を「中機能型」、交流機能をもち月に1回程度開催している居場所を「単機能型」と整理し、それぞれに補助の仕組みをつくっています。

　生活支援コーディネーターとして力を入れているのは、中機能型に位置づけている住民主体の介護予防活動「かよい〜の」事業です。現在は26か所の活動があり、内容は体操やストレッチなどのプログラムから、カーレット（卓上のカーリングのようなスポーツ）やノルディックウォークまで多様ですが、教室のような活動でなく、見守りや助け合いの活動など、互助機能を重視しています。

③ フレイル事業とコーディネーターの連携

　フレイル事業を行政と文社協が協働で進めていくにあたり、コーディネーターに期待された役割は3つありました。それは、①フレイルサポーターの組織形成、②フレイルチェック後につながる活動紹介、③不足している活動の開発です。

①フレイルサポーターの組織形成

　まず、フレイルチェック後に「かよい〜の」につながりやすくするために、「かよい〜の」の活動の担い手にフレイルトレーナーとフレイルサポーター募集の周知を行いました。

　トレーナーとサポーターの決定後すぐに、文社協では行政担当者、トレーナーと一緒にサポーターの役割分担を検討し始めました。初期段階では行政担当者とトレーナーが多くの役割を担いながら、サポーターの得意な部分を見極めたうえで、段階的に行政担当者やトレーナーの役割をサポーターに移行していきました。そのなかで、サポーターの声を聞きながら、役割ごとにグループ化し、徐々に組織的な動きをつくるサポートを行っていきました。

②フレイルチェック後につながる活動紹介

　フレイルチェックを受けた後に、継続的に社会参加などを行うことが重要であるため、「かよい〜の」やその他の地域活動を紹介するた

めのリストを、運動・栄養・口腔などのテーマごとに作成しました。

③不足している活動の開発

活動紹介を行ううえで、男性が主体的に参画できるプログラムが少ないことが課題になりました。そこで、フレイルサポーターのなかから有志を募り、養蜂をツールとし男性高齢者が中心に行う活動「ぶんぶく屋上養蜂部」を立ち上げました。今後は蜂蜜を採取し、商品開発や販売をするなどの事業展開も考えています。

また、フレイルチェックを実施するなかで、口腔に関する項目に赤シールがつく人が比較的多いことがわかってきましたが、紹介先のプログラムが少ないことから、楽しく継続的なオーラルフレイル予防活動のノウハウをもっている一般社団法人グッドネイバーズカンパニーと連携を始めています。

④ 今後の可能性

1 現段階における課題

活動2年目に突入した現在、SFBには次のような課題があると認識しています。

まずフレイルサポーター活動においては、各サポーターの生活環境や得意なこと、活動に対するスタンス等の違いをふまえたチームづくりが必要です。行政や文社協が、サポーターの主体性を活かしつつ、適切にチームづくりに関与し、支援することによって、1人でも多くのサポーターが可能な範囲でSFBの活動に貢献できるようにしていく必要があると考えています。具体的には、組織づくりにあたっての支援、全体の方向性の調整、活動のスピード感の調整といった形での関与を意識しています。

フレイルチェックの実施に関しては、フレイルチェック参加者の裾野をどう広げていくか、どう地域に根付く取り組みにしていくか、ということが大きな課題です。ただ回数を重ねればよいというわけではなく、戦略的に進めていく必要があります。

さらに、必要や興味のある地域のさまざまな活動に対して、フレイルチェック参加者にどう参加してもらうのかということは、試行錯誤しながら取り組み始めているところです。今後、地域の関係者や専門職等とも連携を図りながら、フレイルチェックの結果を活用したスクリーニングと対策、ハイリスクの方への踏み込んだ支援の仕組みについても検討が必要と考えます。

② 今後予定している展開

SFBとして取り組んでいくべき事柄は多岐にわたりますが、現時点で今後の展開として考えられるのは次のようなものです。

第一に、新規の方へのフレイル予防の地域展開です。フレイルチェックをより住民に近い場所で実施し、地域の課題に即したアプローチを行う観点から、地域の居場所などとの連携をこれまで以上に図っていく必要があると考えています。

第二に、フレイルチェック参加者の継続的な社会参加活動先となり、新たなつながりづくりに寄与するテーマ型活動の展開です。SFBメンバーも、楽しみながら活躍を広げられる場ともなります。前述の養蜂プロジェクトに加え、新たな活動の展開も具体化してきています。

第三に、ウィズ・コロナのなかでの展開です。特にオンラインを活用した取り組みについては、啓発活動やフレイルチェック参加者に対する継続的なフォロー等を効率的に実施できる可能性が高いと思われます。

第四に、SFBの仲間を増やして、さらなる体制整備を図っていくことです。コロナ禍で中止しているサポーター養成講座の再開も見据えつつ、フレイル予防事業に賛同していただける区民ボランティアの仲間を少しずつ増やしていきたいと考えています。

最後に、地域におけるつながりづくりです。前記のような展開のなかで、SFBは地域の居場所や、町会・自治会を含む地域組織との間

でつながりを築き、地域の活動にもかかわっていくことになります。こうしたつながりからもたらされる情報を行政・文社協・専門職が共有しながら、SFB の運営を支援していくことを通じて、文京区のさまざまな地域課題の解決につながっていければと考えています。

　家の近くに生鮮食料品が手に入る店が少ないといった、食料品店へのアクセスの悪さが不適切な食生活につながる可能性があることが報告されています。では、食料品店へのアクセスの悪さは死亡率に影響するのでしょうか。

　65歳以上の高齢者49,500名を対象に、「あなたの家から1km以内に、新鮮な野菜や果物が手に入る商店・施設はどのくらいありますか」という質問に対して「たくさんある」「ある程度ある」「あまりない」「まったくない」の4段階で回答してもらい、その後3年間の死亡との関連を調べました。

　その結果、車の利用がない高齢者では「たくさんある」と回答した人に比べて「ある程度ある」と回答した人の死亡リスクが1.4倍、「あまりない」または「まったくない」と回答した人の死亡リスクが1.6倍高いことがわかりました。

　今回の研究から、外出時に車の利用がない高齢者では、近隣の食料品店へのアクセスの悪さが死亡リスクとなる可能性が示されました。また、近隣に食料品店があることで、外出の機会や歩行時間が増え、死亡リスクの低下につながっている可能性が考えられました。

　高齢化に伴って自家用車の利用は困難になるため、徒歩圏内に食料品店が存在しない場合は、移動販売などの誘致や買い物の足として使える移動手段を確保などが必要と考えられます。

服部真治

図 外出時の車利用の有無別にみた、近隣の食料品店へのアクセスと死亡リスクとの関連

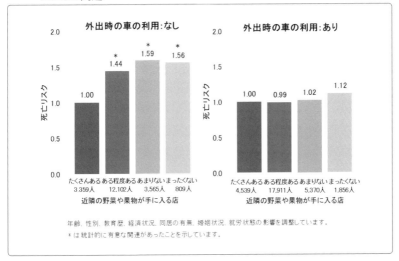

出 典：Tani Y, Suzuki N, Fujiwara T, Hanazato M, Kondo N,Miyaguni Y, Kondo K. Neighborhood food environment and mortality among older Japanese adults: results from the JAGES cohort study.International Journal of Behavioral Nutrition and Physical Activity. 2018 Oct 19;15(1):101. doi: 10.1186/s12966-018-0732-y.

福岡県飯塚市

◆ 地域の基本情報 2021（令和3）年1月現在

人　　　口	127,449人
面　　　積	213.96㎢
人 口 密 度	595.7人／㎢
高 齢 化 率	31.6%
一般介護予防事業における「通いの場」の数	191か所いきいきサロン（自治会単位の通いの場）

飯塚市

※「通いの場」については2020（令和2）年3月現在の数値

◆ 地域の特徴

　飯塚市は、2006（平成18）年に1市4町が合併して誕生した都市で、福岡県の中央部に位置しており、三方を山に囲まれ、その中心に遠賀川が流れ、良好な自然が残されています。歴史的には古代より遠賀川に育まれた穀倉地帯であり、江戸時代には内陸交通の要衝として重宝され、長崎街道の宿場町として栄えていました。明治時代以降は日本の近代化を支えた筑豊炭田の中心都市として発展し、今日の飯塚市の礎が築かれました。

　現在の人口は、2015（平成27）年の国勢調査では12万9,146人、世帯数は5万4,732世帯となっていますが、2010（平成20）年と比較すると人口は13万1,492人から2,346人減少し、世帯数では都市化の進展や核家族化の進行等により5万3,451世帯から1,281世帯増加しています。

　また、高齢化の状況としては、2020（令和2）年8月現在の高齢者人口が4万0,336人（高齢化率31.6%）、2025年には高齢者人口が3万9,952人（高齢化率32.2%）になると推定されており、ますます高齢化が進んでいくことが予想されます。

このような状況において、飯塚市も他の市町村同様に国が示す介護、医療、介護予防、生活支援が包括的に確保される「地域包括ケアシステム」の構築に向けて取り組んでいる最中です。そのなかでも社会保障持続可能性の確保の観点から、フレイル対策を含む介護予防の充実のみならず、すべての住民の健康のために、歩くということを基本とする「運動」、人との交流やボランティア活動などの「社会参加」、また「栄養」「口腔」といった複合的取り組みの推進によって、健康寿命を延ばすということを目標に各施策の実施、具体的事業実施に向けた取り組みを進めています。

① 取り組みのプロセス

■1 取り組みを始めたきっかけ

福岡県は、地域の介護予防支援体制の整備を目的に、県内4地区（福岡・北九州・筑豊・筑後）に1か所ずつ介護予防支援センターを設置し、このうち筑豊地区を管轄する同センターは、飯塚病院（増本陽秀院長、1,048病床／44診療科［部］）が指定を受けています。おもに介護予防従事者への技術支援をはじめ、市町村が行う介護予防事業の支援、住民が主体の通いの場の創設などに取り組んでいます。

当時は事業の一環で地域住民を対象にした介護予防サポーターを養成していましたが、養成したサポーターの人数は増えても実際に活動する場所や仕組みがないという課題を抱えていました。また、市町村は住民の高齢化や過疎化が進むなかでの住民主体となる取り組みの構築にも苦慮していました。

そうしたなか、東京大学の飯島勝矢教授のフレイル予防プログラムを知り、2016（平成28）年6月に飯島教授を招いて市民向けの講演会を開催しました。これが参加していた住民の反響を呼び、その結果、飯塚市が導入を決めるきっかけとなったのでした。

その後は飯塚市の取り組みが進んだことで、隣接する嘉麻市や上毛

町でも導入されようになり、介護予防の活動は広がりをみせ始めました。

2 これまでの取り組み

①フレイルトレーナーの養成

　地域住民への働きかけの前に最初に取り組んだことは、活動推進のキーパーソンの養成でした。飯島教授の指導のもと、フレイル予防教育やフレイルチェックの進行、計測方法などの技術指導、さらにはフレイルサポーター（以下「サポーター」という）が主体的に生きがいをもって活動できるような環境づくりを行うフレイルトレーナー（以下「トレーナー」という）の養成を進めました。現在では飯塚病院の理学療法士３名がトレーナーとして認定を受け、市町村が実施するフレイル予防プログラムを支援しています。

②フレイルサポーターの養成

　2016（平成28）年11月８日に再度、飯島教授を招いて九州初の「フレイルサポーター養成講座」を開催し、第１期サポーター15名が誕生しました。当日は神奈川県茅ヶ崎市より２名のサポーター派遣を受け、運営をサポートしてもらいました。

　2017（平成29）年２月22日には「第２回フレイルサポーター養成講座」をトレーナーが主体となって実施し、16名の登録を得ました。飯塚市では従来から介護予防サポーターを育成していた経緯もあり、サポーターの確保にはさほど困ることはなく、その後も登録者数は増加しました。2020（令和２）年10月時点で実働95名（男性15名、女性80名、平均年齢71.6歳、最高齢87歳）となっています。

③フレイルチェックの実施

　2016（平成28）年11月９日には、市報で公募した住民33名を対象に初のフレイルチェックを実施しました。その後はフレイルチェックを希望する「いきいきサロン」に訪問するなど、初年度は計129名（男性22名、女性107名）の参加がありました。

フレイルチェック　いきいきサロン訪問時の様子

　参加者からは「楽しかった」「またやってほしい」などの前向きな意見が挙がっていました。なかにはフレイルチェックで自分のどの部分を改善すべきか知ったことで、低下していた握力の数値を３か月で自主的に改善した人もいたほどです。

　飯塚市では、地域包括支援センターの協力のもと、13か所の日常生活圏域ごとに運動・栄養・口腔等に関するフレイル予防教室（年10回１クール）を実施し、教室参加前後にフレイルチェックを行うことで参加者の意識・行動変容を促しています。また、教室参加者以外にも住民に市報で広報し、希望者には年２回フレイルチェックの機会を提供しています。

　2018（平成30）年には、参加者の意識・行動変容の動機づけをはじめ、データ分析による事業の評価や地域の将来予測に活用することを目的としてフレイルチェックデータ処理システムを導入しました。このシステムにより、フレイルチェックの結果を電子化することで、参加者への結果のフィードバックや住民の虚弱化の状況理解、地域の健康づくり・介護予防事業などの評価に活用しています。

④フレイルサポーター連絡会

　フレイルチェック終了後にはサポーター、飯塚市職員、トレーナーで毎回反省会を行い、特にサポーターの意見は積極的に取り入れて改

善しています。そうすることで、サポーターにも行動変容が見られ主体的に活動するサポーターが増えていきました。その後サポーターの増加に伴い、サポーター同士の交流とフレイルチェックの精度を高めることを目的として、2016（平成28）年12月22日に「第1回フレイルサポーター連絡会」を開催しました。第1期サポーター15名のうち12名が参加し、自己紹介を兼ねた簡単なあいさつを行った後、測定器具の操作方法の習得や司会の練習などを実施しました。

　さらに2019（平成31・令和元）年度には、サポーター主体の運営組織確立のために、日常生活圏域ごとにサポーターをグループ化する計画が決まりました。計画に先立って、サポーターのなかからコアメンバー（各圏域のグループリーダー）6名を選出し、毎月1回サポーター・コア・ミーティングを開催し始めました。

② 取り組みの現状

① 飯塚市としてのフレイル予防の位置づけ

　第2次飯塚市総合計画（2017〜2026年度）では、基本理念として「共に支えあい健やかに暮らせるまち」を掲げ、保健・医療・福祉の連携による総合的な施策の充実を図り、地域で支えあいながら生涯にわたり健康で幸せに暮らせる健幸都市を目指しています。

　この基本理念のもと、健幸都市づくりの推進、保健・医療の充実と連携、高齢者が安心して暮らせるまちづくりの基本計画があり、フレイル予防事業についてもこれらの基本計画に基づき実施していくことになります。また、市が策定する各種計画においてもフレイル予防事業の取り組みを推進しています。

　「第2次いいづか健幸都市基本計画」では、「すべての人が健康でいきいきと 笑顔で暮らせるまち」を飯塚市が目指す健幸都市の将来像として、健康寿命の延伸を掲げています。この計画は、健康とまちづくりの視点を重視しているのですが、フレイル予防については特記事項として取り組み強化の旨を記載するとともに、「栄養」「身体活

動」「社会参加」を推進するための施策を基本事業として取り組むこととしています。

　さらに、「飯塚市高齢者保健福祉計画及び介護保険事業計画」においても健康づくりの推進を基本目標に、フレイル対策を含めた効果的な介護予防の充実を目指しており、フレイル予防事業をそのプログラムとともに実施することとしているところです。

　取り組みの導入当初は、介護保険地域支援事業のなかで実施されていたため、65歳以上の人が原則対象の介護予防の枠内でのみ取り組まれていました。しかし、2020（令和2）年度に庁内での横断的組織体制のもと健幸スポーツ課が主幹となったことと、市政策にフレイル予防事業が明確に位置づけられたことによって、市全体の取り組みへ拡がりました。生活習慣病予防とフレイル予防を一体的に取り組んだことでさらに健康増進が進み、現在に至っています。

　このようにフレイル予防事業の拡大と住民への認知度向上を目指し、庁内関係部署の横断的連携が不可欠となることから、2019年よりフレイル予防推進委員会（年2回開催）を設置しました。

2 日常生活圏域ごとにサポーターが主体の運営組織化・活動を目指す

　フレイル予防活動はサポーター自身の主体的な活動が最も重要です。2019年から始まったサポーター・コア・ミーティングの対象者は現在27名と増え、住民主体でフレイル予防活動を実施するための課題抽出と現状把握を活発に行っています。回を重ねていくなかで抽出された課題を8つの項目に整理分類したのが **図3-4** です。

　抽出された課題には優先順位をつけ、なかでも特に重要と考えられるサポーターの「組織化」「連絡体制」「教育」「フレイルチェックの手順」「連携体制」について、182頁の囲み部分に示すような具体的着手に取り組みました。

①サポーター連絡網の作成
　12日常生活圏域をまずは3ブロックに分け、それぞれに担当リーダーサポーターおよびサポーターを配置し連絡網を作成

②測定講習会の開催（毎月）
　これまでサポーター連絡会で行っていた器具の操作や測定方法をさらに強化するために毎月、測定講習会を開催

③フレイルチェック運営マニュアルの作成
　器具操作・測定班、司会進行班、設営準備班に分かれてフレイルチェックの手順を整理し、フレイルチェック時の運営マニュアルの作成

　これらに取り組んできた結果、各地域包括支援センターとサポーターが協働でフレイルチェックを実施できる仕組みが構築できました。なかでも2地区は特にサポーターの主体的な運営につながりました。地域包括支援センターによると、これまでは職員主導で行ってきた介護予防教室が住民主体の運営になってきている手応えを感じている、とのことです。

　各ブロックのリーダーサポーターからは「地域のサポーターや地域包括支援センターと協働し、地域のフレイル予防活動につなげていきたい」と強い意気込みを感じさせる声も上がっています。そのほかにも、サポーターを対象にアンケート調査を行った結果、「地域活動への参加が増えた」「新たな地域活動を始めた」との回答が多く見受けられ、サポーターは一般市民に比べて地域への貢献意欲が高いことがわかりました。

　このように、サポーター・コア・ミーティングを通して、コアメンバーやサポーターの主体性が向上していることがわかります。サポーターは地域コミュニティの重要な担い手であり、その主体性を向上させることが、さらに地域のつながりを強化することになると確信しています。

図3-4 サポーターが挙げた課題一覧

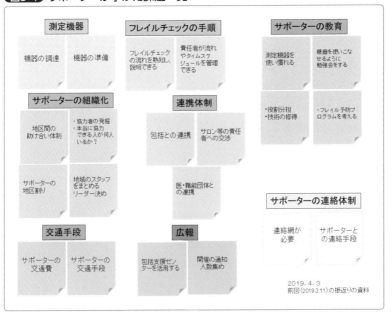

2019. 4. 3
前回 (2019.3.11) の振返りの資料

2020 (令和2) 年度10月時点、一部コアメンバー

3 人が集まる商業施設との連携による地域住民への普及啓発

　2016 (平成28) 年度よりフレイル予防事業に取り組んできましたが、まだまだ住民のフレイルに対する認知度は低いといえます。2018 (平成30) 年の「飯塚市健康増進計画 (2019 ～ 2023年度)」策

定の際の基礎資料として、飯塚市が行った調査項目の1つにフレイルの認知度を取り上げましたが、その結果、「言葉も内容も知っている」と回答した人は13.2%にとどまりました。

このため、2019（平成31・令和元）年度は地域住民への普及啓発の強化を目的に、飯塚市中心部にある商店街内の健康増進施設「健幸プラザ」でのフレイルチェックの開催（年2回）、その他飯塚市や関連団体が開催する健康づくりに関するイベントなどにフレイル予防ブースを出展して普及啓発活動を行いました。また、民生委員や生活福祉委員の集まりにも参加し、フレイル予防啓発を行いました。

さらに2019年度には最も市内で人が集まるイオン穂波店に協力をお願いし、飯塚市、イオン穂波店、飯塚病院、福岡ソフトウェアセンター、福岡地域戦略推進協議会の5機関でフレイル予防イベントを開催しました。

イオン穂波店での取り組みでは、最初にイオン穂波店の全従業員を対象にフレイル予防に関する勉強会を行っています。イベントを店全体の取り組みとすることと、従業員がフレイル予防に必要な知識をもつことで、より顧客の健康志向のニーズに対応できるようにすることが目的でした。勉強会終了後の従業員向けのアンケート調査では、「イベント時、お客様にフレイルとは何かを説明できる」と回答した人は88％、「地域に重要な取り組みである」と回答した人は98％、「業務を通じて地域のフレイル予防や活性化に貢献したい」と回答した人が82％で、目的通りの結果を得ることができたといえるでしょう。

イベントの内容は、「フレイルとは何か」という講演の後にそれぞれコーナーを設けて、フレイルチェックやフレイル相談（歯科医、歯科衛生士、管理栄養士、理学療法士）、体力測定を実施しました。さらには、一般企業3社にも働きかけ、フレイル予防に効果が期待される商品の説明、試食・サンプリングの提供等のブース出展や栄養セミナー、各売り場での試食やポップ提示を行い、店全体でイベントを開

イオン穂波ショッピングセンター　フレイル予防普及啓発後援会

催しました。当日は約 300 人が来場しました。当時は消費増税等の影響で店舗全体の購買は減少傾向にありましたが、イベント開催月はフレイル予防商品の売上・数量ともに伸び、3 社平均で売り上げが 5 倍上昇したとのことです。

　フレイル予防の普及啓発は行政だけが取り組んでも広報範囲、財政面などいずれも限界があります。しかしながら、民間の商業施設や企業が関与することで、コストをかけずに広く地域住民へ普及啓発を行うことができ、行政にとってのメリットは大きいといえます。また、商業施設や企業にとっても購買が向上するなど、双方にとって win-win な関係となっています。

４ ウィズ・コロナでフレイル予防に取り組む

　2020（令和 2）年は新型コロナウイルス感染症の影響で、3 月以降フレイル予防活動は一旦すべて中止となりました。これにより、フレイル予防の醍醐味である「人と人」「人と社会」とのつながりに関する活動がすべて止まってしまったわけです。

　閉じこもり高齢者のフレイル進行の加速が懸念されるものの、再開の目途を立てることができませんでした。そうしたなか、地元の福岡ソフトウェアセンターの協力により 2020 年 6 月 22 日・23 日に、リモート会議システムを活用したサポーター連絡会の開催が実現しまし

感染対策をしながらフレイルチェックを実施

た。市内5か所の地域交流センターをインターネットでつなぎ、感染防止策を十分にとったうえでの実施です。これを機にフレイル予防教室開催に向けて、各機関は再始動への準備を進め始めました。

　フレイル予防教室は現在対面で行っていますが、感染予防のため3密にならないように会場ごとに決められた定数を守りながらの実施となっています。教室の受付時にはソーシャルディスタンスをとり、手指消毒・体温測定・マスク着用のお願いを行うなど、サポーターが感染予防マニュアルを順守しています。

　各会場の参加者からは「フレイルチェックがなかった時期は人とのつながりが減った」「滑舌が悪くなった」という声がありました。一方で、会場では「久しぶりやったね。元気しとった？」とお互いに声をかける場面も多く見受けられました。

　また、前年のフレイルチェックで改善の必要性があるという結果が出た項目に関して、自主訓練を継続し、機能維持や機能改善につなげた参加者もいました。

③ 今後の可能性

１ フレイルサポーターの自主活動のさらなる躍進

　事業を開始して4年、サポーターの組織体制が固まり地域包括支援

センターとのつながりが強化されるなど、活動は前進しています。しかし、地域によるサポーター数の偏りや習熟度の差などの課題があり、3グループのコアメンバーを中心に地域格差を減らし、平準化を図ることが必要だろうと考えています。

今後は、地域包括支援センター主催のフレイル予防教室の1コマをサポーター主体で運営できるようにし、自治体単位でのいきいきサロンでのフレイル予防活動にもつなげていくことが課題です。

② 閉じこもり独居高齢者の発掘とフレイル予防事業へつなげるアプローチ

フレイルチェックの参加者の多くは日頃から健康意識の高い人であり、リピーターも少なくありません。最もフレイル予防が必要な閉じこもり独居高齢者の参加を促進できていないのが現状です。

今後は老人クラブや民生委員、自治会、さらには地域包括支援センターなど、さまざまな団体・組織と連携を図りながら、フレイル進行が心配な閉じこもり独居高齢者に対して、介護予防教室やフレイルチェックへの参加を促進するための仕組みの整備が必要と考えます。

③ コロナ禍でのフレイル予防

2020（令和2）年7月よりフレイル予防活動を再開しました。今後も感染状況を見極めながら、活動していく予定ですが、新型コロナウイルス感染症の感染拡大によって、人と人のほか、人と社会とのつながりが希薄化するなかで、活動を完全に止めることだけは避けなければなりません。そのためには今後ICTの活用は不可欠です。活動は対面を基本としながらも、リモート開催との併用を行うなど、新しい生活様式への適応に向けて取り組んでいきたいと考えています。

4 予防産業の創出、地域経済の活性化などにより行政コストの 低減につながることを期待

　フレイルだけに限ったことではありませんが、医療や福祉、教育分野における社会的な課題の解決をすべて行政の責任だけで取り組むことには限界があります。このため、商業施設など民間企業との連携を図り、予防産業の創出や地域経済の活性化が不可欠であろうと考えます。

5 成果指標の目標設定により効率的・効果的な事業展開を目指す

　取り組みのアウトカム指標をもつためにも、今後はさらなる全国からのフレイルチェックデータの蓄積が必要です。そうすることで、全国との比較によるベンチマークやフレイルチェックデータを市町村がもつ医療・介護データと突合し、将来の地域予測や事業評価などに役立てることができます。さまざまな場面での利活用が可能となり、結果として行政コストの低減につながることを期待しています。

和歌山県紀の川市

◆ 地域の基本情報 2021（令和3）年2月現在

紀の川市

人　　　　口	60,968 人
面　　　　積	228.21㎢
人 口 密 度	267.2 人／㎢
高 齢 化 率	33.0%
一般介護予防事業における「通いの場」の数	119 か所

◆ 地域の特徴

　紀の川市は、2005（平成17）年に紀の川流域の5町が合併して誕生しました。和歌山県北部に位置し、北は大阪府、西は和歌山市に隣接しています。人々が生活するうえで利便性に富み、清流・紀の川がもたらす豊かな恵みと美しい自然環境、長い年月にわたって育まれてきた伝統ある歴史文化をはじめ、豊富な地域資源を有しています。

　2019（令和元）年度には「フルーツとフレイル予防推進のまち」として、地域づくりに取り組んでいます。

図3-5 フレイル予防推進スローガン

フルーツと
フレイル予防推進のまち

◀詳細はYouTubeで

住いも甘いも 紀の川市

1 美しい自然と豊富な農作物

　北部に和泉山脈、南部に紀伊山地を控え、これらの間を東西に市名の由来でもある紀の川が流れています。温暖な気候と紀の川がもたらす肥沃な土壌を最大限に利用して、野菜、果物など多種多様な農作物を生産しています。

　農業産出額全体では和歌山県内第1位を誇り、トップブランド「あら川の桃」をはじめ、はっさく、いちじく、柿、キウイフルーツ、いちごなど四季折々の果物が収穫できる全国有数の果物王国です。

2 伝統ある歴史・文化

　粉河寺、三船神社をはじめとする文化財や高野街道、日本遺産に認定されている葛城修験など、幾世代にもわたり大切に守り伝えられてきた郷土のかけがえのない宝があります。また、江戸時代に世界で初めて全身麻酔による乳がん摘出手術を成功させた華岡青洲など、世界的な偉人も輩出しています。

3 至便な立地条件

　関西空港のある泉佐野市に隣接していることから大阪府にも近く、海外とのアクセスも良好です。加えて、2014（平成26）年の京奈和自動車道の開通により、奈良県・京都府へのアクセスが改善され、2017（平成29）年には京奈和自動車道と阪和自動車道が直結し、アクセスがさらに向上しました。

1 取り組みのプロセス

1 取り組みを始めたきっかけ

　紀の川市では、合併以前の2004（平成16）年頃より和歌山県と和歌山大学が共同開発した、踏み台昇降運動などを行う「わかやまシニアエクササイズ」が普及し、介護予防に力を入れてきました。当時は、医療機関で行う生活機能評価から対象者を抽出し、ハイリスクア

プローチとして、運動器の機能や口腔機能の向上を目的に介護予防教室を開催していました。また、このときから教室を卒業した人を中心として、自主的に運動するグループができ始めました。

2011（平成23）年頃より、これからを見据え、広く介護予防の重要性を周知していかなければならないと考え、介護予防教室等の事業を65歳以上のすべての人が利用できるよう、ポピュレーション・アプローチとして事業転換しました。

同時に、地域の人の身体状況を定期的に調査するといった調査事業も並行して実施し、地域に必要な介護予防が何かを調べ、地域の実情に合った事業の展開ができるように情報を集めてきました。

紀の川市の人口は、生産年齢人口、いわゆる働き世代の減少がいちじるしく、高齢者人口が横ばいの予想となっているにもかかわらず、高齢化率が上がっていくという状況です。逆に世帯数は増加しており、世帯分離や働き世代が別に所帯をもつといった核家族化が進んでいます。本年度の生活機能把握調査によると、ひとり暮らし世帯は全体の約13%、高齢者のみの世帯は約42%となっています。

つまりは、高齢者を支える若年世代が減るだけでなく、核家族化の

図3-5 紀の川市の人口の推移予測

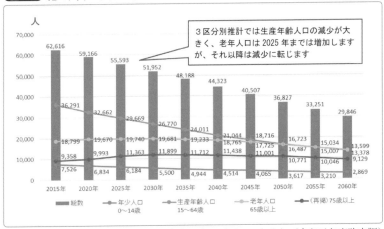

出典：「紀の川市まち・ひと・しごと創生　人口ビジョン」より（令和元年度改定版）

進行によって、各世帯で抱える生活課題や支援ニーズが多様化し、家族だけでは支えきれなくなっているのではないかと考察されます。これからは、高齢者それぞれの状態に合わせた介護保険制度の多様化と、さまざまな生活支援ニーズの対応のために、住民同士、とりわけ比較的元気な前期高齢世代がフレイルを有する後期高齢世代を支える仕組みをつくっていくためのサポートを介護保険で担っていかなければなりません。

② 介護保険事業計画など、市の事業での位置づけ

当市のフレイル対策事業としては、みずからフレイル予防の習慣づけをしてもらえるよう、従来のような介護予防教室や自主活動の推進、周知啓発をしてもらえるような市民サポーターの養成、生活支援ニーズ解消のための多様な団体との連携が重要であると考えています。

介護保険事業計画では、介護予防・日常生活支援総合事業でフレイル予防の推進、市重点施策としてもご当地体操「紀の川歩（てくてく）体操」が位置づけられ、地域住民同士で、フレイルに気づき、自主的に予防活動のできる環境をつくっていくことが方向づけられています。

また、市民ボランティアとして活躍していただいている「フレイルサポーター」のみなさんが、2020（令和2）年度「NPO法人フレイルサポート紀の川」として新たなスタートを切りました。今後も一層連携を深め、市民みずからがフレイル予防の重要性を周知普及していく体制を構築していけたらと考えています。

③ 地域住民への働きかけ方

もともと市民のみなさんが「介護予防」という言葉を聞いても、介護という字ばかりを追ってしまい、「介護なんか必要ないよ」といわれることが多々あり、予防という概念がまったくといってよいほど浸透していませんでした。

　周知と習慣づけのために2004（平成16）年頃より介護予防教室を開催し、運動教室を卒業したみなさんに、小学校区単位にある公民館やコミュニティセンター、市庁舎などを活用して自主的にグループで活動することを働きかけてきました。

　一方で、2011（平成23）年から実施している介護予防把握調査では、「介護予防の重要性はわかるけれど、遠くへは行けない」「身近な場所で教室をしてほしい」など、虚弱化や関節疾患等から移動に影響があり、予防をしたくてもできないといった意見も寄せられていました。

　また、事業開始から10年が経過すると、自主グループに参加している人たちも高齢化し、移動やアクティビティな体操に不安を抱え始めており、フレイルという概念は知りませんでしたが、加齢とともに虚弱化してくることは当時からも課題となっていたのだと、今さらながら気づかされています。関節に痛みを有する人も多く、新たな事業展開が必要な時期に来ていました。

　そんなとき、市内医療機関の理学療法士から、「リハビリ専門職が地域のために何かできることはありませんか」と相談に来てくれました。熱意のある理学療法士のおかげで、2014（平成26）年10月頃より視察やモデル事業を重ね、当市としてもリハビリ専門職は地域に絶対的に必要な職種だと認識し、翌年度には、市内医療機関とも連携し、ストレッチや筋力トレーニングを基調とした、ご当地体操「紀の

紀の川歩（てくてく）体操で活躍する理学療法士

川歩（てくてく）体操」を完成させました。

地域への展開としては、小学校区単位から集会所単位にシフトし、歩いて15分程度の身近な場所で、市民のみなさんとともにフレイル予防を推進していくために、地域へ出向き、周知を始めました。事業の展開にあたり、地域支援事業のなかでリハビリ専門職を集会所に派遣することや体力測定機材の購入等、地域活動に必要なサポート体制

（上4枚）地域での活動の様子

フレイルチェックの様子

フレイルサポーターのみなさん

を予算化しました。

あくまでも、みずからの健康はみずからで維持することを前提に、当市としては、そのきっかけづくりやサポート体制をしっかりと介護保険制度のなかでつくっていくことが重要なのではないかと考えます。

当市は、元気な人～フレイルが心配な人～少し手助けのいる人まで、それぞれの状態像に合わせた多様なサービスを総合事業で構築していき、要介護状態とならないような施策展開をしています。現在は、紀の川歩（てくてく）体操が地域だけでなく、デイサービス（11か所）でも実施されています。

4 取り組みが円滑に行われるようになった転換点

総合事業で地域づくりをするためには、リハビリ専門職が不可欠で、2013（平成25）年11月には、理学療法士が診療の補助に該当しなければ、医師の指示なく介護予防事業等で理学療法士の名称を使用しても差し支えのない旨の通知が厚生労働省から発出されました。

当市としても、業務を委託するにあたり、リハビリ専門職が所属する医療機関や各協会へ交渉し、賛同してもらった医療機関と連携し、地域での体操の指導や相談業務などを委託しています。熱心なリハビリ専門職のみなさんの協力もあり、拠点数は年々増えていきました。

事業を始めてみると、てくてく体操に参加する人のなかには、フレイルやサルコペニア（筋肉減少症）が不安視される人も多くおり、フレイル予防の重要性を周知する必要があるのではないかと考えていたところ、2017（平成29）年1月には、市民から東京大学高齢社会総合研究機構考案のフレイルチェック事業を実施したいと打診がありました。同年10月よりフレイルサポーターのみなさんとともにフレイルチェック事業を本格的に展開し始め、サポーター10名程度で、てくてく体操の拠点へ出向き、フレイルとなっている生活機能がないかどうかを市民同士でチェックしています。現在、約80名のサポーターが地域貢献にと、フレイルチェックに積極的に活動しています。

5 取り組みが地域に根づいた背景

アンケート結果をみると、特にてくてく体操については膝痛や腰痛に悩んでいる人が多く、「自立した生活ができている」というよりも「痛みを抱えながらもなんとか自立した生活ができている」という人が多い印象です。「こけたら、しまい（転倒したら終わり）」という声も少なくありません。不安を抱えながら生活をされている方が多いということです。

フレイルが進行し、自然に虚弱化してくることや痛みが悪化することのないよう、運動できることに加えてリハビリ専門職が来て相談に乗ってくれること、フレイルチェックのような楽しくフレイル予防に必要なことを知れることを、一体的に地域の身近な場所である集会所等でできることが、この取り組みが根づいた背景なのではないかと考えています。

また、健康維持のために運動が日常的に必要だということは多くの人がもっている感覚で、拠点数が増えるにつれ、隣の地区にあって自分の地区にはないということが刺激となり、口コミで広がってもいきました。2015（平成27）年9月から本格展開を始め、2020（令和2）年8月現在では、その拠点数は86か所となり、市内集会所の約3分の1で体操が習慣化されています。

2 取り組みの現状

1 取り組みの特徴

当市のフレイル予防事業の特徴は、まず、組織的なところです。

高齢介護課総合事業班（2020（令和2）年度時点）として予防専門の部署が設けられており、日々試行錯誤しながら市民のみなさんが健康長寿を実現できるよう、地域へ出向いています。

事業の特色としては、市民のみなさんの生活機能についてさまざまな事業を活用して、多面的にチェックしているところです。特にてくてく体操では、年1回の定期的な体力測定に加え、参加者の平均年齢

図3-6 フレイルチェック集計結果

フレイルチェック集計結果	性別、年齢別の初めて測定された方の結果		
フレイル予防に必要な、運動、栄養・口腔、社会参加に着目し、チェック結果を集計しました。	前期高齢者（男性）：平均年齢69.54歳（65名）		
	項目	赤の割合(%)	項目	赤の割合(%)

性別、年齢別の初めて測定された方の結果

前期高齢者（男性）：平均年齢69.54歳（65名）

項目	赤の割合(%)	項目	赤の割合(%)
イレブンチェック2	36.92	滑舌（タ）	26.15
イレブンチェック5	47.69	お口の元気度	50.77
イレブンチェック8	7.69	片足立ち上がり	23.08

後期高齢者（男性）：平均年齢80.16歳（73名）

項目	赤の割合(%)	項目	赤の割合(%)
イレブンチェック2	41.10	滑舌（タ）	54.79
イレブンチェック5	58.90	お口の元気度	60.27
イレブンチェック8	20.55	片足立ち上がり	46.58

前期高齢者（女性）：平均年齢70.05歳（391名）

項目	赤の割合(%)	項目	赤の割合(%)
イレブンチェック2	35.55	滑舌（タ）	20.72
イレブンチェック5	57.29	お口の元気度	43.99
イレブンチェック8	9.72	片足立ち上がり	23.02

後期高齢者（女性）：平均年齢80.07歳（489名）

項目	赤の割合(%)	項目	赤の割合(%)
イレブンチェック2	38.24	滑舌（タ）	40.29
イレブンチェック5	64.83	お口の元気度	55.62
イレブンチェック8	23.11	片足立ち上がり	59.30

フレイル予防に必要な、運動、栄養・口腔、社会参加に着目し、チェック結果を集計しました。

イレブンチェック2
野菜料理と主菜（お肉またはお魚）を両方とも毎日2回以上は食べていますか
イレブンチェック5
1回30分以上の汗をかく運動を週2回以上、1年以上実施していますか
イレブンチェック8
昨年と比べて外出の回数が減っていますか
滑舌（タ）
1秒間に「タ」をどれだけ速く言えるかを測定
お口の元気度
12項目のお口に関する質問に回答し、元気度を判定
片足立ち上がり
椅子に座った状態から、片足で立ち、静止できるかを測定

結果からわかること

イレブンチェック2：全世代にわたり30％以上の方が、お肉やお魚が不足していることが分かります。

イレブンチェック5：全世代にわたり約50％以上の方が、筋力トレーニングが不足していることが分かります。

イレブンチェック8：前期高齢者の男性女性とも外出の機会は減っておらず、社会さんができていることが伺えますが、後期高齢者となると、その2倍以上、昨年と比べ外出の機会が減少していることが分かります。

滑舌（タ）：前期高齢者の男性女性とも滑舌の具合は、約20％の方が下回っていることが伺えますが、後期高齢者となると、その2倍、基準を下回っている方が増えます。また、男性の方が基準を下回る方の割合が増加していることも分かります。

お口の元気度：全世代にわたり約2人にひとりが、お口の元気度が低下していることが分かります。

片足立ち上がり：前期高齢者の男性女性とも、約20％の方が片足立ちができないこと伺えますが、後期高齢者となると、その2倍、できない方が増えます。特に女性に関しては2.5倍できない方が増えます。
女性のサルコペニアが不安視されます。

2回目の測定結果から

チェックを受けていただいた方を特定し、1回目と2回目のフレイルチェック結果を比較してみると、ほぼすべての項目で、赤シールの割合が低下していました。これは、フレイルサポーターの皆さんがフレイル予防の重要性を周知した結果、意識変容が起こり、生活機能維持のために何かしらの行動変容が起きたのではないかと推測されます。ただ、それぞれの測定結果の割合が減少したというわけではなく、維持傾向で、測定項目によっては依然高い割合を示している項目もあるので、対策が必要であると考えられます。

当市の今後にフレイル予防対策

上記の結果から今後取り組んでいかなければならないこと
- ■ フレイルサポーターによるフレイル予防の啓発の強化→連携強化
- ■ 口腔機能維持の重要性を啓発→歯科医師（歯科衛生士）などの専門職との連携強化
- ■ サルコペニア予防のための栄養摂取に関する情報の啓発→栄養士と管理栄養士との連携強化
- ■ 身近な地域で寄り合い、筋力トレーニングなどの運動のできる場の創設→紀の川歩（てくてく）体操の強化、事業所での運動器機能上サービスの強化
- ■ 気軽に外出のできる機会の提供→集い場づくりの強化

フレイルチェック結果とてくてく体操の体力測定結果を比較して

女性のてくてく体操の体力測定結果（初回分）から、サルコペニアの疑いのあるSMIが5.7kg/㎡以下の方（低SMI）、それ以上の方（高SMI）を抽出し、フレイルチェックの結果等と比較してみると以下のことが分かりました。

- ■ お口の元気度：低SMIの方は、60％の方、高SMIの方は、47％の方が赤シール
- ■ イレブンチェック2：双方が約35％と高い割合で赤シール
- ■ BMI：BMI20kg/㎡以下の方を低栄養の疑いのある方として、低SMIの方は、39％、高SMIの方は、6％が20kg/㎡以下

これらのことから、サルコペニア状態となってしまう原因として、栄養摂取の障がいとなるお口の機能の低下や肉や魚などの高たんぱく質食品の摂取不足、体重減少が多くかかわっていることが分かります。
特に、お口の健康や栄養に関することは、今後運動とあわせてその重要性を啓発していかなければなりません。

※男性につきましては、データ不測のため女性で検証しています。
※SMI（骨格筋指数 Skeletal muscle index）
身長に見合った四肢骨格筋かどうかを判定した数値 男性標準値→7.23≒7.0kg/㎡、女性標準値→5.67≒5.7kg/㎡
BMI（肥満指標Body Mass Index）
身長に見合った体重かどうかを判定する数値 標準値→22kg/㎡ ※特別に医師の指導等がなければ、
65歳以上の方は21.5～24.9が理想的です。
低栄養
健康的に生きるために必要な量の栄養素が取れていない状態のことをいいます。
そのなかでも特に、たんぱく質とエネルギーが充分に取れていない状態のことを
「PEM（Protain energy malnutrition）：たんぱく質・エネルギー欠乏（症）」といいます。サルコペニアの引き金となってしまいます。

が約75歳であることから、フレイル状態となっている生活機能があるのではないかと懸念されるため、市民によるフレイルチェックを実施しています。

フレイルチェックでは、主観的に回答していくチェックと、測定機械や質問により客観的に回答していくチェックがあります。質問や測定に対し、できるところには「青シール」、できないところや基準値を下回った測定には「赤シール」を貼っていきます。全22項目、フレイルやその予防方法の説明を含めると約2時間、市民同士で楽しくチェックしています。

延べ1,800件を超えるデータをまとめ、フレイル予防に重要な運動、栄養・口腔、社会参加に着目し、集計しました。前頁の結果（**図3-6**）からもわかるように、通いの場づくりをはたらきかけていくことも重要ですが、今後は理学療法士等のリハビリ専門職に加え、歯科医師（歯科衛生士）や管理栄養士といった専門多職種との連携、また、介護事業所や民間事業者といった多様な職種とも連携強化を図っていくことが重要です。

これからも市民のみなさんの声を聴き、多くのデータから効果や事業評価をしていかなければならないと考えています。

2 参加者の声

2019（令和元）年度に、てくてく体操に参加する548名（男性50名、女性498名、平均年齢76.08歳）に対し、アンケートを行いました。

約80％が1年以上継続していました。そうした人たちのなかでは、約80％が生活のなかに何らかの体操を取り入れていて、運動が習慣づいていることがうかがえます。また、体操から得られた効果として約70％が「友人や仲間が増えた」と回答し、約50％が「元気が出た」「外出の機会が増えた」と回答しました。

リハビリ専門職の必要性については、約90％の人が必要であると

運動器機能向上教室「ピンシャン元気教室」　　口腔機能向上教室「健口教室」

回答しています。

　フレイルの認知度について、当市で行った日常生活圏域ニーズ調査では、約30％が知っているという回答でした。今回のアンケートでは、よく知っているや聞いたことがあるという人が約80％で、体操に参加したみなさんのほうが必要な情報を入手していることがわかりました。また、得られた効果としては、約50％が栄養に気をつけるようになったと回答しました。フレイルチェックの必要性についても、約87％の人が必要と感じていました。

　これらのことから毎週実施するてくてく体操や年1回の定期的な体力測定、フレイルチェックは、生活機能を維持するために必要な情報を取得するよい機会となっていることがわかりました。また、日常生活のなかで健康意識をもって実践していることもわかり、結果的に外出意欲の向上や社会参加の増加につながっています。

　日常的に市役所が主催して何かを行うよりも、市民みずからが実践し継続する場を創設するきっかけをつくり、さまざまな健康維持に関する情報の提供をするための魅力ある事業を画策していかなければならないと思います。

❸ 今後の可能性

❶ 取り組みに対する役所内外の評価

　フレイルチェック事業は、20を超える県内外の自治体等から視察に訪れていただきました。フレイルサポーターのみなさんも県外の自治体へサポーター養成講座の手伝いに出かけるまでにもなりました。最も遠くでは、沖縄県にまで出かけてもらいました。

　庁内では、てくてく体操が、2020（令和2）年度重点施策に位置づけられ、今後さらに普及を図っていかなければと意気込んでいます。

❷ 現段階における課題

①新型コロナウイルス感染症および高齢化の影響

　2020（令和2）年4月には、新型コロナウイルス感染症の影響で、体操活動自粛の要請や外出を控えなければならないことで生活が不活発となり、要支援・要介護状態となる人がいることを、地域包括支援センターからも相談されています。

　同年7月には自粛要請を解除しましたが、同年10月現在、約2割の体操拠点が活動を自粛している状況です。休止状況にある地域の参加者からは、「体操したいから再開してほしい」との声もよく聞かれますが、リーダー的存在の人に「してほしい」と他力本願な人がほとんどです。リーダー側からすれば、わかってはいるが感染リスクを考えると再開に踏み切れないと、当然ながら判断に困っています。

　一度休んだ活動を再開するのは簡単なことではありません。新型コロナウイルス感染症の影響だけでなく、リーダー的存在の人や参加者の高齢化などから、今後少しずつ、てくてく体操の実践拠点が減少してくるのではないかと懸念されます。

②男性や無関心層へのアプローチ

　体力測定結果にも表れているように、女性よりも男性の参加者が圧倒的に少ないです。これは、全国的にもいえることかもしれません

が、他の介護予防事業への参加も同様で少ないです。

できることであれば参加してほしいのですが、男性は男性で地区役員や趣味、就労など、日々忙しくしている人も多く、無関心層のなかにも自身で健康づくりをされている人や、老いていく自分自身を理解し受け入れている人もいます。体操に参加していないからといって必ず機能が低下してくるかといえばそうではありませんが、東京大学の研究でもわかってきているとおり、社会参加や人とのつながりが少なくなるとフレイルを近づけてしまいます。

10年後を見据え、今現在元気な人がこれからも変わらず生活機能を維持できるよう、活動の普及を図り、元気な方が無関心層へアプローチし、連れてきてくれるなど、高齢者同士で支え合う仕組みをつくっていけたらと考えています。

③データの活用

体力測定やフレイルチェック結果をデータベース化しています。このデータは、参加した人が自立している期間に測定した貴重なデータです。

万が一、てくてく体操等の地域活動に参加できなくなった際や、けがをして入院した際などに、リハビリ専門職やケアマネジャー等と以前のデータを共有し、リハビリテーションや介護サービスなどに役立てることができれば、それぞれの専門職が社会復帰のために必要とするトレーニング方法や目標を設定しやすくなります。

また、測定結果がなくても世代別の平均値やカットオフ値など、さまざまな当市独自の統計データがあり、共有できれば、医療や介護現場では非常に役立つのではないかと思います。叶えるべき利用者の目標も設定しやすくなります。

3 今後、予定している展開

もともと当市の介護予防事業は、寄り合い、楽しく運動等をすることをサポートすることがおもな成り立ちでしたが、今後は、さまざま

な理由で寄り合いの場にも来られない人が増加するのではないかと予想されます。

　また、過疎化により軒数が減り、立ち上げることすら難しくなっている地域もありますし、新型コロナウイルス感染症の影響で外出を控え、在宅志向も高まっています。

　しかしながら、人と出会い、会話をし、社会参加をしなければ、脳への刺激も少なくなり、知らず知らずのうちに思いもよらない状況となってしまうかもしれません。以前より体操やサロン活動だけでなく、多様な担い手と連携し、地域を活性化できないかと考えていました。

　2020（令和2）年9月には、移動スーパーと包括連携協定を締結し、移動カフェ事業を始めました。感染症予防をしながら気軽に寄り合えるような場を短時間創設し、近所の人たちと楽しく過ごしてもらい、必要に応じて生活支援として買い物もできるという事業です。

　在宅を基点として、運動拠点やカフェなどの集いの場、健康長寿をサポートする市民ボランティア、デイサービスや民間事業者とも連携して活発に介護予防をするといった状況と専門職間の連携が総合事業で整備され、それを生活支援体制整備事業として設置している協議体や生活支援コーディネーターが把握し、マッチングしていけば、地域包括ケアシステムの構築につながるのではないかと思います。

４　取り組みを継続、充実させていくためのポイント

　コミュニティセンター等の通いの場より、集会所単位まで範囲をしぼり、事業を展開してきましたが、新型コロナウイルス感染症の影響もあり、今後はさらにしぼって、自宅でできることも視野に入れた事業展開が必要なのではないかと考えています。また、あらためて通いの場の重要性も感じています。

　「総合事業」や「生活支援体制整備事業」「地域包括ケアシステム」の構築をしなければと考えるのではなく、地域づくりとして市民の意見を聞き、自治体が必要と思うことも織り交ぜ、実現したい将来像に

向かって当市にとって何が必要なのかを考え、実行することが、自然発生的に総合事業や生活支援体制整備事業、ひいては、地域包括ケアシステムの構築につながっているのではないかと思います。

特に総合事業では、介護予防や多様な担い手を確保し、自立支援と重度化防止を念頭に置いて、要支援状態をしっかり改善・維持できる環境を整備していかなければなりません。

それらを念頭に置いた介護予防ケアマネジメントであること、事業所が提供する介護予防サービスの充実を図ること、そして、10年先を見据え、保険者が介護保険を持続可能なものとしてしっかりと運営をすることが必要です。

通いの場は、住民自身が健康づくりの意識を高揚させるだけでなく、立ち寄ることで自然発生的に見守りや声かけのある環境ができます。これらは地域のつながりも強化し、地震などの災害発生時の安否確認にも役立つのではないかと考えています。これからも健康長寿実現のため、住民のみなさんの力を信じ、住民主体の活動であることはいうまでもありませんが、専門職と連携し、適度に介入していける支援体制をつくり、セルフケアを推進していきたいと思います。

紀の川市は、フレイル予防推進のまちです！！

　これまでの研究で、高齢者における地域活動（自治会・町内会、趣味の会
など）への参加が認知症発症を抑制することが報告されています。しかし、
地域活動への参加形態による認知機能への影響の違いについてはこれまで検
討されてきませんでした。そこで本研究では、地域活動における組織内の
役割（会長、世話役、会計など）と認知症発症との関連について検証しまし
た。

　65歳から74歳までの前期高齢者9,234名に、地域活動への参加の有無と
地域活動組織内での役割の有無の2つのアンケートを実施し、その後10年
間の認知症発症状況を分析したところ、地域活動に参加していない人に比
べ、組織内での役割を伴わない地域活動参加者は認知症発症リスクが22%
低くなっていました。さらに、組織内での役割を伴う地域活動参加者は役割
を伴わない参加者に比べ、認知症発症リスクが19%低くなっていました。

　今回の研究から、前期高齢者において、地域活動への参加が認知症発症を
抑制すること、また、地域活動に役割をもって参加することが、認知症発症
リスクをさらに低減する可能性が示されました。

　若いうちから地域活動の運営に携わることで、その後の認知症リスクを下
げることが期待できると考えられます。地域活動が縮小・衰退化傾向にある
地域は少なくありませんが、その原因の1つに後継者不足が挙げられます。
前期高齢者に対して、既存の地域活動の情報を提供することで参加を促しつ
つ、新たな地域活動の立ち上げを支援する施策などが求められるでしょう。

服部真治

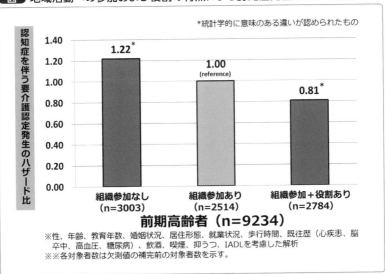

認知症を伴う要介護認定発生のハザード比

*統計学的に意味のある違いが認められたもの

1.22*

1.00
(reference)

0.81*

組織参加なし
（n=3003）

組織参加あり
（n=2514）

組織参加＋役割あり
（n=2784）

前期高齢者（n=9234）

※性、年齢、教育年数、婚姻状況、居住形態、就業状況、歩行時間、既往歴（心疾患、脳
卒中、高血圧、糖尿病）、飲酒、喫煙、抑うつ、IADLを考慮した解析
※※各対象者数は欠測値の補完前の対象者数を示す。

出典：Nemoto Y, Saito T, Kanamori S, Tsuji T, Shirai K, Kikuchi H, Maruo K, Arao T, Kondo K. An additive effect of leading role in the organization between social participation and dementia onset among Japanese older adults: the AGES cohort study. BMC Geriatr. 17(1):297. doi: 10.1186/s12877-017-0688-9. (2017)

高知県仁淀川町

◆ 地域の基本情報 2020（令和2）年9月現在

人　　　口	5,133人
面　　　積	333k㎡ （内、山林89%）
人 口 密 度	15.4人／k㎡
高 齢 化 率	54.8%
一般介護予防 事業における 「通いの場」の数	なし

仁淀川町

◆ 地域の特徴

　仁淀川町は高知県の北西部に位置し、北に四国山地、東西を清流仁淀川が横断する美しい自然に恵まれた町です。

　仁淀川は、愛媛県石鎚山系に源を発し、長者川、中津川、土居川など数多くの支流を集めながら太平洋へと注ぎ込んでいます。地形は全般的に険しく、仁淀川本・支流の川沿いに深くV字型をした峡谷が多いため、平地は少なく、町の総面積の約89%は山林で占められています。集落は川沿いや緑深い山麓の標高100～700mに点在し、豊かな森と水の恵みを活かした茶業や林業などをはじめとする里山産業を営んでいます。

　2005（平成17）年に地理的・歴史的にもつながりの深い、3町

村（旧吾川郡池川町・吾川村、旧高岡郡仁淀村）が合併して誕生した町です。

1 取り組みのプロセス

1 取り組みを始めたきっかけ

① 70年間人口が減り続けた町

仁淀川町の人口は、1950（昭和25）年から一度も増加に転じることなく減り続けています。高齢化率は、高知県内第2位、全国第9位の高さです。特に、前期高齢者数と後期高齢者数が逆転した2005（平成17）年以降その差は拡がり続け、2020（令和2）年には2倍強となり、20年後には約3倍になると推計されています。

仁淀川町の年齢構成のボリュームゾーンである団塊の世代が後期高齢者の仲間入りをする2025年が目前に迫った今こそが、「みんなで励まし合ってこの町で暮らしていく」仕組みをつくっていくラストチャンスだという危機感があり、特に、総合福祉計画の策定作業を行った2017（平成29）年度にはその思いが一層、強くなっていました。

② 地域づくりへの参加意向がある人は多い

第7期介護保険事業計画策定時に実施した介護予防・日常生活圏

図3-7 仁淀川町における人口と高齢化の推移

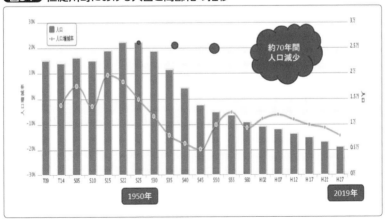

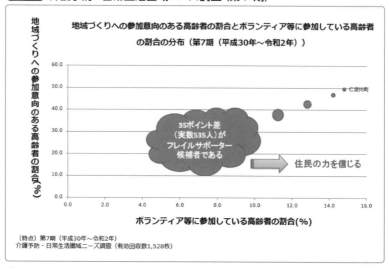

図3-8 介護予防・日常生活圏域ニーズ調査（第7期）

地域づくりへの参加意向のある高齢者の割合とボランティア等に参加している高齢者の割合の分布（第7期（平成30年〜令和2年））

（縦軸）地域づくりへの参加意向のある高齢者の割合（％）

35ポイント差
（実数535人）が
フレイルサポーター
候補者である

住民の力を信じる

（横軸）ボランティア等に参加している高齢者の割合(%)

（時点）第7期（平成30年〜令和2年）
介護予防・日常生活圏域ニーズ調査（有効回収数1,528枚）

域ニーズ調査では、「地域づくりへの参加意向がある高齢者」が半数を占めていました。一方、実際にそうした活動に参加している人は15％にとどまっており、回答者の35％（535人）が地域づくりへの参加意向はあるけれど、行動につながっていないことがわかりました。

③県（福祉保健所）から「フレイル予防勉強会」への誘い

2019（平成31）年3月、管内市町村の地域包括ケア推進への取り組みを支援している福祉保健所から「住民が主体となって活動し、地域づくりへと発展させようとする「フレイルチェック活動」の庁内勉強会をしませんか」と案内がありました。

勉強会は、神谷哲朗先生（東京大学高齢社会総合研究機構）を講師に、当町の保健師、介護保険・高齢者福祉担当職員が参加して行われました。先生から、「老いの長期化」「柏スタディ（大規模フレイル予防研究）」「高齢者のフレイル予防対策」など、先進地の取り組み事例も交えながら、「フレイル予防による長寿のまちづくり」について教えていただきました。

その後、福祉保健所から、「まず、実際にフレイルチェック活動を

見てきてはどうか」と案内があり、先生の勉強会から5日後、福祉保健所、近隣市町村とともに、和歌山県紀の川市を訪問しました。

　紀の川市のような取り組みができるのか、職員間でも不安はありましたが、高齢化率全国第9位の町、70年間人口減少が続くこの町で、住民のQOLの向上を目指す地域包括ケアの構築に取り組むのなら今しかない、住民主体の地域づくりは団塊の世代が弱ってしまったらもう間に合わない、そして何より、地域づくりへの参加意向が半数の元気高齢者にあるということを信じて、一歩を踏み出しました。

2 仁淀川町総合福祉計画での位置づけ

　2018（平成30）年3月に策定した「第1期仁淀川町総合福祉計画（地域福祉計画、高齢者福祉計画・介護保険事業計画、障害者計画・障害（児）福祉計画）」において、2020（令和2）年3月に高齢者福祉計画・第7期介護保険事業計画を改定し、フレイル予防による健康長寿のまちづくりに取り組むことを明記しました。

3 地域住民への働きかけ方

　地域住民への働きかけ方としては、①フレイル予防講演会の開催、②町広報紙による啓発、などがあります。

> **①フレイル予防講演会の開催（講師：神谷哲朗先生、県招聘）**
> 　講演会（令和元年6月5日）：参加者111名
> 　地区別ミニ講演会（5地区）（令和元年7月2日・3日）：参加者65名
> 　（町長も参加）
> **②町広報紙による啓発**
> 　フレイル予防をシリーズで紹介（令和元年9月～令和2年8月）

4 関連団体および関連専門職種へのアプローチの仕方

　中央西管内の医療、介護、福祉関係者に対する周知等は、福祉保健

所が「中央西地域包括ケア推進フォーラム〜フレイル予防講演会〜（2019（令和元）年6月4日、講師：神谷哲朗先生）」を皮切りに、さまざまな機会を活用して継続的に行っています。

　また、仁淀川町内の医療機関等に対しては、町職員が説明し、協力要請や経過報告等を随時、行っています。

⑤ 「仁淀川町スタイル」ができるまで（サポーターの養成〜活動開始）

　「仁淀川町スタイル」ができるまでには、次のようなプロセスを踏んでいます。

①フレイルサポーターを養成する
　1期生20名＋フレイルトレーナー候補4名誕生（2019年7月1日・2日）

②フレイルサポーターの自信をつける、疑問を共有して解決する
　サポーター勉強会4回開催（2019年7月22日〜9月13日）

③フレイルサポーターと楽しむ
　町外（県内高齢化率第1位の大豊町）へお出かけ（視察）

④フレイルチェック活動を復習し、実践に向けてさらに自信をつける
　町長、保健師を住民に見立てて、フレイルチェック

⑤2019年10月9日、フレイルチェック活動がスタート

⑥ 取り組みが円滑に行われるようになった転換点
①「転換点1」2019（令和元）年9月

　1期生のサポーター養成後、2か月足らずの間に4回行われた勉強会での共同作業や、町外への視察を通じて、サポーター同士、そしてサポーターと職員がチームになっていきました。

　この頃の合い言葉は「わたしたちは、できるときに、できることをする」でした。1人のサポーターの発言でしたが、この発言により、みんなの肩の力が抜けて、楽しい活動に向かっていきました。

②「転換点 2」2019 (令和元) 年 12 月

　地域に出向いて活動しながら、気づいたことや工夫を試してみる「お肉食べよう研修会」や「共食考えよう会」の実践、フレイルチェック活動で使う「紙芝居」をみんなでつくる（ポスターカラーで塗る）作業を一緒に経験することによって、紙芝居が完成した頃（2019（令和元）12 月下旬）には、チーム力がさらに高まっていました。

③「転換点 3」2020 (令和 2) 年 9 月

　活動が丸 1 年を迎える頃、他の市町村へフレイルチェック活動の出前（「お出かけフレイルチェック」）を行うようになりました。他の市町村へ出向き、住民や市町村職員と交流することを通じて、サポーターの地域づくりへの意欲が向上し、その思いを発言してくれるようになりました。

図3-9 仁淀川町におけるフレイル予防の対象者（イメージ）

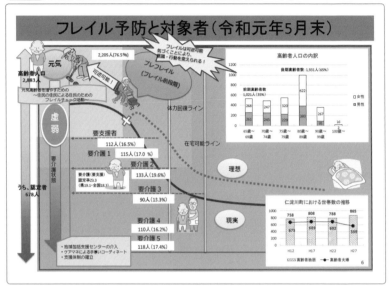

出典：高知県中央西福祉保健所作成資料

② 取り組みの現状

■1 取り組みの特徴

　仁淀川町では、フレイルチェック活動を地域支援事業（一般介護予防）として実施しています。また、サポーター養成や講演会等開催に伴う講師の招聘については、県（福祉保健所）が担当しています。

■2 取り組みによる効果

　取り組みが始まったことによる地域の変化として、半年後（次のフレイルチェック）を楽しみにしてくれる住民が増えてきました。また、フレイルが自分事化され、地域もフレイルになることを理解して、2回目のフレイルチェックへの参加を声かけし合う地域も現れ始めました。

　実際に参加者からは次のような声が寄せられています。

- あっという間の2時間でした。今日は、来てよかった。おかげで、いろいろなことを知ることができた。
- 「フレイル」という言葉を初めて聞いた！　勉強になった。
- 「サルコペニア」＝「筋肉の減少」だと、家に帰って妻に話してあげる。
- 久しぶりにこんなに笑った。また来てね！　ありがとう。
- 年をとって体力が落ちてきたと思っていたけれど、青シールが貼れて嬉しかった。(青シールの数ではなく、1枚でも青だったことが嬉しい)
- ご飯（食事）は、こんなにたくさん食べないといけないんだね（朝・昼・夕の3食メニューを紙芝居でみて）。
- サポーターさんが優しく声をかけてくれて、とても嬉しかった。

1 取り組みに対する役所内外の評価

フレイルサポーター自身が楽しみながら活動し、かつ、地域づくりへの意識が高まっていること、フレイルチェック参加者が自分事化できていること、男性の参加率が高いことなどが、高知県の「日本一の健康長寿県構想推進会議」で共有され、2020（令和2）年度は県内の他の圏域でもフレイル予防の啓発が開始されました（「フレイル予防講演会」、講師：東京大学高齢社会総合研究機構 神谷哲朗氏、主催：高知県）。また、取り組み当初から、近隣市町村からの視察も相次いでいます。

2 現段階における課題

①フレイルチェック活動の量的拡大と継続性の確保

要介護認定を受けていない65歳以上の住民2,075人（回答1,504人）	フレイルチェックを受けたい（受けた）：288人（19%）
	受けたくない ：184人（12%）
	よくわからない ：874人（58%）
フレイルチェックを受けた人（令和元年7月〜令和2年10月）：177人	

（介護保険・日常生活圏域ニーズ調査（令和2年9月））

仁淀川町でのこれまでのフレイルチェックの結果から、70歳代前半で元気そうにみえる人にもフレイルの兆候がみられる人が少なくないことがわかってきました。

また、第8期介護保険事業計画を検討するにあたり行った介護保険・日常生活圏域ニーズ調査では、「加齢による筋力や体力の低下が予防（改善）できないと思う」、または「わからない」と答えた人が32%（486人）でした。さらに、「フレイルチェックのことを聞いたことはあるがよくわからない」人が58%（874人）でした。

こうしたことから、後期高齢者の仲間入りをする前に、できるだけ早い時期にフレイルを自分事化し、自分で元気になってもらうことが、高齢化のトップランナーグループである仁淀川町には急務です。そのためには、フレイルチェック活動の量的拡大と継続性の確保が課題です。

②フレイルチェック対象者をカバーできる体制づくり

フレイルチェック目標	1,000 人（延べ 2,000 人／年）
1 回当たりチェック人数（目安）	15 人
フレイルサポーター養成数	34 人（稼働率：50％強）
フレイルサポーター養成目標	100 人

当初は月2回程度の頻度で各地区へ出向く形でスタートしたフレイルチェック活動ですが、「6か月後に再訪する約束を果たしたい」とのサポーターの熱意を受けて、現在は週1回程度にまで増えています。

質を確保するために1回あたりのチェック人数を15名程度としていますので、チェック目標人数を達成するには、サポーターの大幅な増員が必要な状態です。あわせて、今後は、地区へ出向く活動と、元気高齢者が多く集まる場での活動との併用も検討することが必要です。

③フレイルが自分事化できた人への選択肢の提供

フレイルチェック活動はサポーターも住民も笑いながら、かつ真面目に、あっという間の2時間ですが、「誰かと一緒に食べなくちゃ」「筋トレしたいけど」「何をどれだけ食べたらいいの」など、会場でサポーターが問いかけられることが増えてきました。

サポーター自身も活動を通じて「年齢を重ねながら地域で暮らしていくのには、こんな些細なことが大きな困りごとになるのか」といった気づきも増えてきました。

せっかくフレイルに気づいたのだから、「あそこへ行くと、こういう資料があるよ」と教えてあげたい、機会や場がないなら自分たちが

つくっていけないか、という声が出てきました。

　これこそが仁淀川町が目指している住民主体の地域づくりです。
「アフターフレイルチェック」（フレイルが自分事化できた人への選択
肢の提供）の充実が課題です。

３ 今後、予定している展開

　総合福祉計画（8期介護保険事業計画）において導入を検討してい
るものとしては、次のようなものがあります。

> **一般介護予防（地域介護予防活動支援）で実施**
> ・**地域での「共食」の場づくり（サポーターが中心となって展開）**
> 　⇒フレイル予防サロン）
> ・**下肢筋力向上トレーニングと口腔・栄養の学びの総合プログラムの提供**
> 　⇒短期集中プログラム（（仮称）も一度元気にえいえいおー）

　仁淀川町には他市町村からの視察が相次ぎましたが、仁淀川町の住
民の様子をみてもらうより、実際にその市町村でフレイルチェック活
動を体験していただくことによって、住民が主体となった活動の本質
を行政職員に理解してもらいやすいようです。

　また、仁淀川町のフレイルサポーターにとっても他の市町村の集落
に出向き、そこの住民とフレイルチェックを行うことは、思いがけず
知らない土地に来て交流できたこと自体が嬉しかったり、他の市町村
の役に立てることを意気に感じたりと、サポーター自身の充実感につ
ながるようです。

　こうしたことから、今後も「お出かけフレイルチェック」の要請に
はできるかぎり応えて、地域や圏域を越えて、広くつながる（交流す
る）ことを意識的に仕掛け、サポーターの深化と進化を促進していき
ます。

　仁淀川町が特に大切にしている取り組みを継続・充実させていくた

めのポイントは、サポーターの気づきとやる気（つぶやき）を丁寧に、かつ、スピード感をもって拾い、実行することです。サポーターは人生の達人であり、仁淀川町のお宝です。一緒に仁淀川町をつくっていくパートナーであり、高齢者の専門家であり、尊敬する先輩です。「サポーターさんの背中はまぶしい！」です。

　また、仁淀川町では、「フレイル予防」も「心づもり」も、今から終わりまで、老いの時代を活き活きと生きる活動「老活（おいかつ）」であると位置づけています。上手に老い、最期まで自分らしく生きるための「心づもり」をしていきましょう、語り合いましょう、と「フレイル予防」とあわせて、「心づもり」の考え方、ノートの普及啓発にも取り組みながら、サポーター自ら「老いを科学」し始めたところです。

運動が健康によいことはよく知られていますが、身体活動の増加による運動生理学的な機序によるもの以外に、スポーツ組織への参加によってさまざまな人とのつながりや支援を得られやすくなることもその要因と考えられます。

そこで、運動はグループや組織に属して行うことも 1 人で行うこともあるため、運動の実施とスポーツ組織への参加の有無の違いによる要介護状態発生との関連を追跡調査で検証しました。

要介護認定を受けていない高齢者 1 万 3,000 人を 4 年間追跡調査したところ、グループに参加せずに運動もしていない人は、スポーツのグループに参加して運動を週 1 回以上行っている人と比べて 1.65 倍、要介護認定に至りやすいことがわかりました。また、グループに参加せずに運動を週 1 回以上行っている人でも 1.29 倍要介護認定に至りやすかったのに対し、グループには参加しているが運動は週 1 回未満の人たちは有意な関連がありませんでした。

つまり、運動を週 1 回以上していても、1 人よりもグループでしている人の方が要介護認定を受けにくい（介護予防効果が高い）こと、また週 1 回未満の運動でも、グループで一緒に運動することで介護予防につながる可能性があることが示唆されました。

運動は定期的にかつ継続することが重要ですが、グループでの実施は運動の継続にも資することでしょう。住民主体の「通いの場」の開催頻度はさまざまですが、参加者の自主性を重んじつつ、週 1 回未満の開催頻度でも人とのつながりをつくることがまずは重要と考えられます。

服部真治

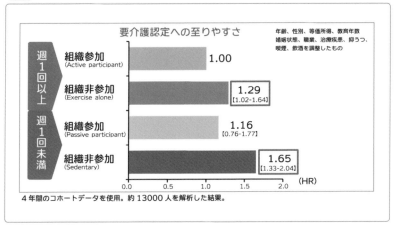

出典：Kanamori S, Kai Y, Kondo K, Hirai H, Ichida Y, Suzuki K, Kawachi I. Participation in sports organizations and the prevention of functional disability in older Japanese: the AGES Cohort Study. PLOS ONE 2012

岐阜県安八郡広域連合

◆ 地域の基本情報 2021 (令和3) 年1月現在

構　成　町	❶安八郡神戸町、 ❷同郡輪之内町、 ❸同郡安八町
人　　　口	43,254 人 （うち、❶ 18,890 人、❷ 9,590 人、❸ 14,774 人）
面　　　積	59.27㎢
人 口 密 度	730 人／㎢
高 齢 化 率	29.4% （❶ 32.4%、❷ 26.2%、 ❸ 28.3%）
一般介護予防事業における「通いの場」の数	❶ 10 か所（転ばぬ先の杖教室など、介護予防施設を活用して通いの場を提供。過去の教室参加者が、自主グループを立ち上げ、継続的に運動や交流を行うクラブ運営をしている） ❷ 13 か所（いきいき百歳体操など、参加者が通いやすい小学校区ごとに実施。教室ごとにサポーターがおり、教室を主体的に運営している。参加者・サポーター相互の生きがいづくりの場となっている） ❸ 15 か所（元気百梅クラブなど、町内 4 か所において、ほぼ毎日どこかで何かを実施している。認知症キャラバンメイトである元気サポーターが参加者の支援をしており、認知症などで要介護認定を受けている人も参加可能である）

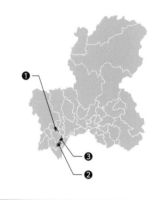

◆ 地域の特徴

　本郡の高齢化率は全国平均よりやや低い値で推移しているものの、その上昇は急ピッチで、2015（平成 27）年は 26.8%、2020（令和 2）年では 29.9%となっています。介護保険第 1 号被保険者の要介護認定率は 2015（平成 27）年度末 13.1%、平成 30 年度末 13.8%と、岐阜県内では 36 保険者中、最下位となっています。構成 3 町では定期的に協議の場を設け、介護予防事業の推進を図って

います。

❶ 取り組みのプロセス

❶ 取り組みを始めたきっかけ

　安八郡広域連合では、郡内の介護予防事業のほか、介護保険事業の円滑な実施のため構成町の地域包括支援センター職員による話し合いの場を設けています。2018（平成30）年春、今後の介護予防事業の運営について協議し、以下のような課題・問題が出されました。

> ①各町で介護予防事業を展開しているが、利用者が少なく利用層も限定されている。
> ②訪問や相談で虚弱者を発見しても、すでに要支援・要介護の状態になっている。
> ③従来の「基本チェックリスト」では、身体の弱りサインが利用者にわかりにくい。
> ④予防事業の効果判定がしにくい。　など

　「みずからの身体の弱りのサインを自覚し、次の行動に移せること、そしてその効果を自身が実感し、喜びにつながること、さらに地域に根差した事業になること」。そうした事業づくりがしたいとの思いで、私たちはその手がかりを探し、2018年6月8日、すでに住民主体でフレイル予防事業を展開している和歌山県紀の川市を視察しました。そこでは、住民と同じ年代のサポーターが主体的にフレイルチェックを運営実施していること、受講者・サポーターともにいきいきと取り組んでいること、さらにはフレイルチェックの実施が参加者・サポーターともに健康長寿につながると実感できている、との生の声を聞くことができました。

　「フレイル予防」は新しい概念であり、全国でも導入をしている自治体は少なく、岐阜県内では当広域連合が事実上初の試みとなります。全国に比べて認定率が低く元気な高齢者が多いという各構成町の

特性を活かし、この取り組みが広く普及することを目指しています。

② 介護保険事業計画など、広域連合での位置づけ

　「じぶんらしい暮らしのできる長寿社会をめざして」を基本目標に、介護予防の推進と社会参加の促進を重点課題の１つとし、第８期介護保険事業計画（安八郡高齢者プラン）を策定しました。

　計画ではフレイルチェック目標値を設定し、フレイル予防啓発活動に取り組むとともに、虚弱者を早期に発見し、専門職が介入（通所型サービスC）することから、フレイル状態からの脱却につなげることとしています。

③ 地域住民への働きかけ方

①神戸町では……

　2019（令和元）年５月に15名のフレイルサポーターが誕生し、地域でフレイルチェックを行いながらフレイル予防の取り組みを神戸町全体に普及させることを目的に、活動が開始されました。フレイルサポーター同士の意見交換の場として、毎月１回交流会を開催し、フレイル予防の取り組みについて話し合うこととしました。2019年度は、フレイルサポーターみずからがフレイルチェックについて啓発し、地区老人クラブ等の団体を対象にフレイルチェックを実施しました。

②輪之内町では……

　2018（平成30）年５月頃より、まず「フレイルとは何か」を地域

地区住民を対象にしたフレイルチェックの実施（神戸町）

地区住民を対象にしたフレイルチェックの実施（神戸町）

住民に知ってもらうための活動を始めました。当初は「いきなりローマ字を出されても、歳をとったわれわれには覚えられない」と拒否反応もみられました。3年目を迎える現在では、フレイルという言葉が当たり前のごとく浸透し、仲間同士で声をかけ合うなど、頼もしい状況に変化しています。

③安八町では……

2019（令和元）年5月に15名のフレイルサポーターが誕生しました。フレイルサポーターに町老人クラブ連合会の役員がいたこともあり、老人クラブ会長およびその会員を中心に、介護予防教室参加者にもフレイルチェック等を実施しました。また、町主催のイベントにおいて簡易フレイルチェックブースを設け、広く町民に啓発しました。

④ 関連団体および関連専門職へのアプローチの仕方

①神戸町では……

フレイルチェックをより多くの人に知ってもらい、気軽に参加してもらえるよう、まずは既存の団体へ声をかけて関心をもっていただきました。フレイルサポーターが友人・知人に声をかけ、その人が属す

る団体を対象にチェックを実施するなど、人と人のつながりを活かして活動を進めていきました。また、町内の医療機関関連事業所に属する理学療法士に、フレイルトレーナー候補生になっていただくよう依頼し、一緒にフレイル予防事業を推進していく協力を求めました。

コロナ禍でフレイルチェックが実施できない期間が続いていましたが、今後は老人クラブや民生委員のみなさんにあらためてフレイルチェックを体験していただく機会を設け、活動の再始動に向けて進み出す予定です。

②輪之内町では……

活動の啓発の一環として、老人クラブ連合会・民生児童委員会の人たちを対象に、フレイルチェックを体験してもらいました。コロナ禍ではありますが、体験したことによって「この取り組みが拡がるとよい」「私たちの地域でもやってほしい」との声がありました。

また、フレイル予防事業導入時から県内で活動する理学療法士に協力を得て活動をしています。現在はそうした人たちの協力のもと、自宅で続けられる簡単な運動を毎月リーフレットにし、通いの場の参加者らに配布しています。今後は、この取り組みの効果をアンケート調査により検証する予定です。

令和2年10月2日老人クラブ連合会にてフレイルチェックを実施（輪之内町）

③安八町では……

フレイルチェック事業導入前の 2019（平成 31）年 2 月に、神谷哲朗先生の講演会を実施しました。講演会には老人クラブ連合会会員、民生児童委員、地区代表者ら関連団体のほか、専門職が出席しました。講演会後も定期的に、各種団体にはフレイル予防の取り組みを紹介しています。

また、関連専門職が出席する「フレイル予防会議」において、町のフレイル予防の取り組みに関する情報共有をし、「フレイルチェックを中心とした PDCA サイクル」（**図3-10**）を検討し、システムづくりをしました。

5 取り組みが円滑に行われるようになった転換点
①神戸町では……

フレイルチェックの機会を重ねるたびに、フレイルサポーター自身の経験と感覚からその都度反省点や改善点を見いだし、意見を共有し合う時間をもっていたことが大きいといえます。チェックを行う場所や参加者の人数はその都度異なるため、最適な対応人数や各ブースに配置するサポーターの人員についてサポーター間で話し合って決めて

図3-10 フレイルチェックを中心とした PDCA サイクル（イメージ図）

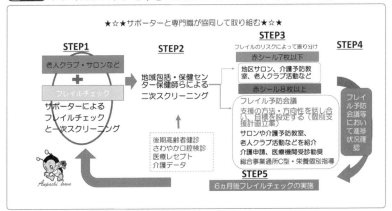

いたことがよかったと思われます。1回1回のチェックの場や、サポーター交流会の場を積み上げていくうちに、サポーター内でのチームワーク感覚も培われてきた証でもあります。

②輪之内町では……

当初、「フレイル」という言葉に難しさを感じていた住民が多かったように思います。住民主体であるフレイルチェック活動の要となるフレイルサポーターを募集する際にも、「わたしはサポートをしてもらう身だから」「そんな難しそうなのは無理だわ」と率先してサポーターをやろうと考える人は少ないのが現状でした。

しかし、12名のフレイルサポーターでスタートしたフレイルチェック活動は、「こんなに楽しくチェックができ、自分の身体の様子を簡単に知ることができる」と受講者は実感しています。サポーター自身もサポーターのやりがいを実感し、「このまま、みんなと続けていきたい」と意欲的な想いをもつ人が多くなりました。

また、活動をすればするほどサポーター活動の醍醐味を味わうことができ、コロナ禍においても感染予防の工夫をサポーターが意見を出し合い、フレイルチェックを実施しています。

③安八町では……

フレイルチェック集計結果をサポーターと共有し、実施後のフォロー体制を整備しました。赤シール8個以上で、なおかつ滑舌・椅子立ち上がり・握力が赤シールの人はハイリスク者として専門職（通所型サービスC）、また、全体に赤シールの割合が高かった口腔・汗をかく運動・栄養バランスはサポーターが重点的に指導するようにしたところ、サポーターがこれまで以上に主体的に取り組むようになりました（ 図3-11 ）。

図3-11 フレイルチェック実施結果（令和元年度）

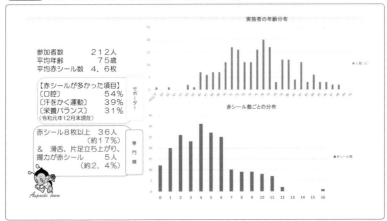

参加者数　　　212人
平均年齢　　　75歳
平均赤シール数　4．6枚

【赤シールが多かった項目】
〔口腔〕　　　　　54％
〔汗をかく運動〕　39％
〔栄養バランス〕　31％
（令和元年12月末現在）

赤シール8枚以上　36人
　　　　　　　（約17％）
&　滑舌、片足立ち上がり、
握力が赤シール　　5人
　　　　　　　（約2．4％）

② 取り組みの現状

1 取り組みの特徴

①神戸町では……

　緊急事態宣言が明けてからはフレイルサポーター交流会を再開し、自分たちに今できることとして、地域で自主的に行っている活動の紹介を町全体に周知する取り組みを始めました。

　最初の紹介例としては、フレイルサポーター自身が近所の公園で何人かでラジオ体操を何十年も行っており、その活動を紹介しました。このように、すでに行っている自主的な活動を紹介するなかで、紹介される側は「もっと頑張ろう」と思えますし、それを知る住民のなかには「これなら自分もやってみよう」と思える人がいるのではないかと考えました。

　新しいことを始めるだけでなく、今すでに取り組んでいる活動にスポットライトを当て、お互いに認め合うことも大切にしていきたいと考えています。

②輪之内町では……

　2018（平成30）年6月に安八郡広域連合下で和歌山県紀の川市へ

図3-12 元気サポーターの活動内容

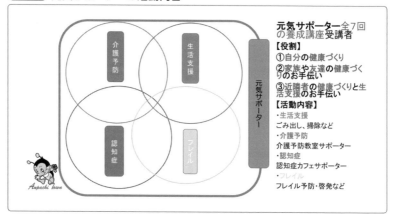

事業視察、また、翌年の４月には安八郡広域連合３町合同でフレイル
サポーター養成研修を行いました。あくまで行政は黒子であることを
維持しながら、住民主体の活動の要であるフレイルサポーターがみず
からの介護予防を実感し、フレイルチェック受講者や住民のフレイル
予防の活性化を図ることができる仕掛けをつくってきています。

③安八町では……

　フレイルサポーターは、高齢者の生活支援などを行う「元気サポー
ター」のフレイル予防部門として活動しています。元気サポーター
は、フレイル予防活動だけでなく、生活支援、認知症カフェ、介護予
防教室のサポートも行っています（**図3-12**）。すべての元気サポー
ターがフレイル予防の重要性を理解し、意識し活動しています。

　活動では「あなたが主役」を合言葉に、フレイルサポーターを含む
高齢者全員が主役となって輝けることを目標に実施しています。元気
サポーター活動は行政だけでなく、社会福祉協議会、NPO法人が協
力して支援しており、サポーターの豊富なアイディアを明るく前向き
な取り組みにつなげています。

　現在は、これまでの介護予防教室参加者へのフェイスシールドづく
り、町への手づくりマスク寄贈、地域の人たちとのつながりを意識し

つながりを意識した絵手紙づくり（安八町）

た絵手紙づくり、サポーター主導の体操サロン・サポーターブログの
立ち上げなど、コロナ禍でも心と心をつなぐ活動を実践しています。

2 取り組みによる効果

①神戸町では……

　まだ始まったばかりなので目に見える効果は上がっていません。た
だ、新型コロナウイルス感染症の影響は大きく、フレイルサポーター
自身も外出する機会が減り、体重が増えてしまったという声も聞かれ
ます。「コロナだから」といってネガティブに考えるのではなく、ピ
ンチをチャンスに変える気持ちで「コロナだからこそフレイル予防が
大切」と考え、フレイル予防の取り組みを充実させていけるとよいと
考えています。

②安八町では……

　コロナ禍による外出自粛に伴い人とのつながりの大切さを痛感し、
コロナ禍前と比較すると、サポーターが各々の活動意義を強く感じて
います。現在フレイルチェックはできませんが、代替となる活動のア
イディアを出し合い、取り組みにつなげることができています。

　また、フレイルチェック事業導入当初からフレイルトレーナーとい
われる専門職（町内介護施設に勤務する理学療法士）がかかわってい
ます。トレーナーの導入により、専門職が介護予防事業にかかわり地

域で活動することが増え、住民のフレイル予防に関する意識が高まっています。

3 参加者の声

①神戸町では……

　以前は継続して定期的にフレイルチェックを行えている人がいないため、フレイル予防の意識や行動がどのように変化したかという実際の声を聞くことはできていません。しかし、昨年度からフレイルチェックを行えるようになり、実際に参加した人は、「チェックシートにシールを貼りながら、おしゃべりができて楽しかった」「参加者同士で体調チェックをすることで、自分の健康について考える機会になった」など、前向きな意見や感想をもつ人が多かった印象です。楽しく交流できて、なおかつ自分の身体状況を確認できる、そうした一石二鳥となる活動にしていけるように再開が待たれます。

②輪之内町では……

　当初は「行政担当者に誘われたから」という後ろ向きの思いを抱いているサポーターが過半数を占めていました。フレイルチェック活動や勉強会を重ねるうちに、「何だか楽しいな。ここに来るだけで、サポーターのみんなに会えておしゃべりができる」「サポーターをしていることで、自分が元気になっている」「フレイルのチェックを受けている方々に、自分の経験や取り組みを伝えられたらいい」など、サポーター活動が介護予防のほか、楽しさや生き甲斐につながってきています。

③安八町では……

　介護予防教室の参加者からは、「サポーターがリーダーシップをとって感染予防に努めながら教室を運営してくれるので、安心して教室に参加できる」との感想が寄せられています。また、サポーターとかかわる多くの人たちからは、「サポーターの笑顔や声かけで元気がもらえる」と喜びの声があります。反対にサポーターからも、相手の

笑顔や感謝の声から充実感が高まるとの声が聞かれています。

❸ 今後の可能性

❶ 現段階における課題

①神戸町では……

　何よりもまず、コロナ禍において中止となっているフレイルチェック活動を再開させることが課題だと感じています。2020（令和2）年度に入り、フレイルサポーター交流会そのものが数か月間中止となっていたため、話し合いをする機会ももてずにいたのですが、6月30日に開催された「オンライン版・全国の集い」をきっかけに、まずは毎月フレイルサポーターだけでも集まろうという話になりました。

　それ以降、毎月1回交流会を開催し、フレイル予防に関する取り組みの知識・情報を共有したり、感染対策について最新情報を交えながら話し合ったりしています。今後は、2019（平成31・令和元）年度に初めてフレイルチェックを実施した人たちに再度チェックを実施し、どのような変化があるかを確認する取り組みを行いたいと思います。

　また、2020（令和2）年度フレイルサポーター養成講座を予定しているため、フレイルサポーターの人員を増やし、地域に出向いてフレイルチェックを行う体制を充実させられるように準備していきたいと思います（※原稿執筆時点）。

②輪之内町では……

　今般の新型コロナウイルス感染症拡大に伴い10か月余りフレイルチェック事業が中止に迫られたことで、正直なところ、フレイルサポーターの個々の活動に対する意欲の低下がみられたのが現状でした。「毎月サポーターに会えていたのに寂しい」「まだ（事業の）再開はしないのか」といった意見がありました。

　幸いにも感染者が少なかった事情もあり、感染予防対策を徹底したうえで2020（令和2）年10月よりフレイルチェック事業を再開したところです。サポーター同士、久しぶりに会えた喜びがひしひしと伝

わってきました。

　サポーター自身のやりがいや生きがいをどのようにもち続けてもらうのか、今般の感染症拡大から学んだ事業運営のあり方も含めて、今後検討が求められます。

③安八町では……

　コロナ禍において十分な感染予防対策ができないために、フレイルチェックを再開することができません。ただし、フレイルハイリスク者への通所型サービスＣは実施しています。

② 取り組みを継続・充実させていくためのポイント

①神戸町では……

　フレイル予防の取り組みを継続させていくためには、フレイルサポーター同士の関係を良好に保っていけるよう、楽しく続けられるためのかかわり（交流会）を継続させることが大切です。フレイルチェック活動を中心に、話し合いや企画・反省会等を行うことになると思いますが、地域や地域住民を元気にするために、まずはフレイルサポーターとフレイルトレーナーが元気であること、それが一番大切なことだと感じています。

　取り組みを充実させていくためには、活動内容の魅力をわかりやすく紹介し、一緒に取り組む仲間を増やすことも努力していきたい部分です。

②輪之内町では……

　町としての特徴であるか否かはわれわれの感じ方にもよりますが、誰かに助けてもらって当たり前という概念が根強く残っているように思われます。しかし、「興味がないから」「歳だから、自分にはできない」といった思いで済む情勢ではなくなってきています。

　ささえ合いの地域づくりを基本の軸とし、フレイル予防型住民主体の地域づくりを推進していくことは継続の課題であると考えています。どこに住民が魅力を感じ、「さあ、やろう」と意欲をもってもら

えるか、フレイル予防の活動に魅力を創出しながら、サポーターととも
もに考えていきたいと思います。

　そして、フレイル予防による地域づくりを推進していくなかで、医
師会や関連団体、専門職と連携を図りながら、フレイルチェックの
データから地域としての課題を、既存の事業とからめながら抽出し、
共有していくことが今後必要となります。個々の支援だけにとどまら
ず、地域保健活動を実践していくうえでの基盤となる支援体制を整え
ることが今後の課題です。

③安八町では……

　元気サポーターの活動は福祉計画にも記載されており、町としても
地域づくりの担い手として重要な役割を期待しています。このためサ
ポーターが活動を継続できるよう、行政だけでなく社協やNPO法人
が協力して支援しています。

　現在約70名のサポーターが在籍しており、サポーターの希望に
沿って活動を実施してもらっています。月に1回は活動報告会を実施
し、活動内容や悩みごとの共有、勉強会を実施しスキルアップを図っ
ています。最近は「活動を多くの人に知ってもらいたい」「サポー
ター同士つながり合いたい」という意見から、サポーター有志がブロ
グを立ち上げ、SNSで意見交換できるよう整備もしました。このよ
うな取り組みから、サポーター同士のかかわりが増え、仲間意識も高
まり活動が充実してきています。

　これまで多くの研究により、他者との交流はこころの健康度を高めること
が報告されています。また、交流する相手によって健康への影響は異なり、
自分と同じ世代との交流（世代内交流）だけでなく、子どもや現役世代との
交流（世代間交流）をしている人では、さらにこころの健康度が高いと考え
られます。

　私たちの研究グループでは、65歳以上の地域住民を、交流状況に応じて4
グループに分類し、こころの健康度を比較しました。その結果、世代内交流
のみしている人と比べて、世代間交流もしている人では、こころの健康が良
好である確率が1.74倍であることが示されました。

　同世代との交流は、年齢などの社会的背景が近い人に相談するため、自身
が抱えている問題や感情をより深く理解し、共感してもらうことで、ストレ
スの軽減につながる可能性があります。一方、異なる世代との交流では、異
なる視点からの問題解決方法を教示してもらうことによって、早期の問題解
決につながり、ストレスを軽減できます。多様な世代と交流することによっ
てこれらの恩恵を享受できるため、多世代交流をする人では、よりこころの
健康度が高いと考えられます。

　ボランティアなどの社会貢献活動には参加できなくても、日常生活のなか
で多様な世代と交流する機会があれば、こころの健康を良好に保つことにつ
ながります。多世代共生社会の実現に向けて、多世代交流が地域全体に普及
することで、住民全体のこころの健康度が高まることが期待されます。

根本裕太
（東京都健康長寿医療センター研究所 介護予防・フレイル予防推進支援センター 研究員）

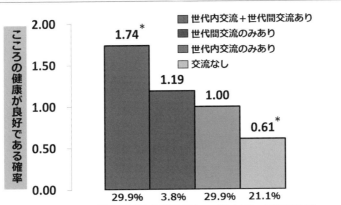

※1 家族や仕事関係の人以外で、会話をする機会を問い、「よくある、ときどきある」
　　と回答したものを「交流あり」とした。

*統計学的に意味のある違いが認められたもの

千葉県松戸市

◆ 地域の基本情報 2020 (令和2) 年12月現在

人口	498,457 人
面積	61.38㎢
人口密度	8,120.8 人／㎢
高齢化率	25.8%
一般介護予防事業における「通いの場」の数	69 か所

松戸市

◆ 地域の特徴

　千葉県松戸市は東京都に隣接し、人口が急増してきました。そのため、日常生活圏域ごとに特性が異なり、農地と宅地、団地やマンション群など多様な住宅都市です。特に、鉄道駅が多く、東京に通勤・通学するのに利便性が高いことから、いまだに人口が増加し続けています。

　一方、高齢化も着実に進展し、高齢者の絶対数が増えていますが、知識・技術・ノウハウが高い高齢者も多く、はつらつクラブ（老人クラブ）などの活動も盛んです。

① 取り組みのプロセス

　これまで、介護保険事業は地域特性などにより実施できる事業に差はあるものの共助が中心となり、全国一律のサービスが行われ、第1号被保険者の保険料が比較対象となり、金額の多寡で論じることが多かったと考えています。

　しかし、2014（平成26）年の介護保険制度の改正に伴い、地域の

自助・互助が脚光を浴び、第6期介護保険事業計画において、①介護予防・日常生活支援総合事業（以下「総合事業」という）、②在宅医療・介護連携推進事業、③認知症施策推進事業、④生活支援体制整備事業の4事業が必須化されたことに伴い、本市は2015（平成27）年4月に100日余りで早期移行を実現することができました。

　特に、総合事業においては「介護予防・生活支援サービス事業」と「一般介護予防事業」を連携させ、両輪として相互連携しながら実施することが、将来に対する需給バランスを適正化するために重要であると認識しスタートを切りました。

　まず、総合事業はサービスの創設に目が行きがちですが、実施主体と人材をどのように確保していくかを検討し、現下の介護人材不足などを考慮すれば、多様な主体と新たな人材を確保することが肝要であると想定しました。そこで、資格を有する専門職（プロ）は、中・重度者を中心に対応し、軽度者は新たな人材で可能な限り対応し、専門職の間接的な支援を受けることをイメージしながら、必要なサービスを段階的に構築していきました。

　一方、一般介護予防については、これまで一次予防事業と二次予防事業と区分され効率的な運用がなされていない状況もあったため、新たに構築された総合事業として実施していかなければ効果的な成果を望むことが難しいと考えました。

　特に、総合事業の対象となる人は、軽度な総合事業対象者と元気な一般高齢者であることから、対象者が高齢者の7～8割と多い一方、今後の需給バランスを適正化するためには重要な人たちであるとのことから、どのように対応していくべきかを検討していました。

　この人たちの理解を促進し、協力してもらうためには、他市と比較しながら地域の特性をデータで示し、施策の展開を目指してEBPM（Evidence-based Policy Making）を推進するための方策を模索していく必要があります。そこで、地域の強みと弱みを把握する地域診断と他市町村とベンチマークできる方法として、JAGES（日本老年学

図3-13 「健康とくらしの調査」自治体参加状況

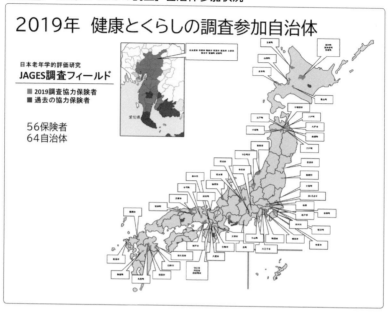

的評価研究機構）が2006（平成18）年から全国の一部市町村と共同
で大規模調査を開始していることを発見し、2015（平成27）年に共
同研究に参加することとしました。

　また、総合事業の導入に伴い、本チェックリストの実施機会を増や
すために総合事業対象者に有効期間を付与し、虚弱からの回復を意識
してもらうとともに、後期高齢者に到達した人へのアンケート調査、
活動場所の提供やサービスの提供などソーシャル・キャピタルを活用
する元気応援キャンペーン、「元気応援くらぶ」として通いの場の支
援、家族介護を支援するための講習会や生活支援サービス体制整備な
どを開始しました。

　その後、共同研究に参加するなかで、JAGESの代表である近藤克
則教授から愛知県武豊町の話を聞きました。武豊町では住民が主体と
なる介護予防の取り組みにより、財源的にも効果が現れているとのこ
と。地方では形になりつつあるものの、ソーシャル・キャピタルが豊

富な都市でも形にしていきたいとの話を聞き、実現可能性を模索しました。

すでに本市は、千葉大学と 2013（平成 25）年 4 月に「包括的な連携に関する協定」を締結していました。特定の分野にこだわらず、人材育成、学術研究及び教育、産業振興、健康・スポーツ・福祉、芸術・文化振興、観光活性化、災害対策など、さまざまな分野で連携するなど、地域社会の発展や地域課題の解決に寄与することを目的に進められていたことから、新たな事業連携を具体化することが可能であることに気づきました。

そこで、団塊の世代すべてが 75 歳に到達する 2025 年に向けて、健康寿命を延伸し、元気な一般高齢者を増やすための方策を共同研究することにしました。具体的には、都市のソーシャル・キャピタルを活かし、住民主体の活動により要介護認定率の低下、介護給付費の減少につながるかにチャレンジするために、2016（平成 28）年 11 月 2 日に「松戸市と国立大学法人千葉大学予防医学センターとの介護予防に資する活動等の共同研究プロジェクトに関する協定」を締結し、「住民主体による都市型介護予防モデル "松戸プロジェクト"」が誕生しました。

ベースラインとなる 1 回目の調査では、65 歳以上の要介護認定をもたない高齢者から無作為に抽出した 8,000 人を対象に、「健康とくらしの調査」を活用し、4,474 人（有効回答率 55.7%）から回答を得ました。

また、次年度のキック・オフに向けた準備作業も開始し、どのようにソーシャル・キャピタルを活用して住民主体の活動を推進できるかの議論を重ねました。医師会などの関係機関に説明を行い、前述の調査に同封した「記名式のボランティア意向調査」で 572 名（回答率 12.8%）の意欲が高い方々に積極的にアプローチできるように、市と大学が一体的に活動していきました。

2017（平成 29）年 2 月 14 日に行った住民向けの説明会には 304 名、

図3-14 松戸市と JAGES との共同研究の概要

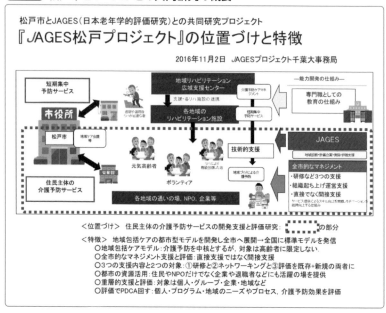

松戸市とJAGES（日本老年学的評価研究）との共同研究プロジェクト
『**JAGES松戸プロジェクト**』の位置づけと特徴

2016年11月2日 JAGESプロジェクト千葉大事務局

＜位置づけ＞ 住民主体の介護予防サービスの開発支援と評価研究： ▮▮▮▮▮▮ の部分
＜特徴＞ 地域包括ケアの都市型モデルを開発し全市へ展開→全国に標準モデルを発信
　　　　○地域包括ケアモデル：介護予防を中核とするが，対象は高齢者に限定しない．
　　　　○全市的なマネジメント支援と評価：直接でなく間接支援
　　　　○3つの支援内容と2つの対象：①研修と②ネットワーキングと③評価を既存・新規の両者に
　　　　○都市の資源活用：住民やNPOだけでなく企業や退職者などにも活躍の場を提供
　　　　○重層的支援と評価：対象は個人・グループ・企業・地域など
　　　　○評価でPDCA回す：個人・プログラム・地域のニーズやプロセス，介護予防効果を評価

あわせて実施した企業向け説明会には86名の参加があり、関心が高いと感じました。

　そして、継続的に協力していただけるような参加者に向けてワークショップを連続で開催し、拠点づくりや間接支援などについて議論してもらいました。このワークショップには延べ240名の参加がありました。

　その後、ワークショップの参加者のなかから松戸プロジェクトに強い関心を示す方6名を選出しました。千葉大学予防医学センターの近藤教授から共同研究のパートナーとしての委嘱状を出し、以後継続的に協力してもらうとともに、地域包括支援センターのなかから関心がある数名にも参画してもらうことになりました。

　さらに、同時並行で、「元気応援くらぶ」の情報交換会のほか、かねてからの課題であった高いノウハウ・スキルをもつリタイヤ高齢者の活躍の場所と機会を創設するために、プロボノを認定するNPO法

人サービスグラントの嵯峨生馬代表の協力を得ながらワークショップに参加した人たちを「元気応援くらぶ」等へとつなげていきました。

　加えて、協力企業・事業者との情報交換を行い、住民主体の活動に還元できるコンテンツやプログラム開発に取り組み、一部に実現できた事例も出てきました。

　このように取り組み開始時には、短期間かつ重層的にプッシュ型の支援を行いました。住民が参加しやすい環境づくりが導入に向けた最

図3-15 共同研究の当初の動き

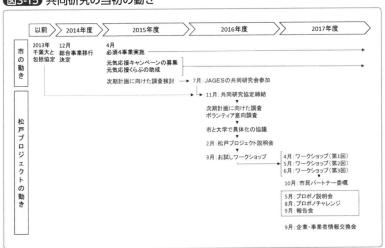

（筆者作成）

初のアプローチでした。

② 取り組みの現状

　本市の通いの場である「元気応援くらぶ」と連動していくために、2017（平成29）年2月に松戸プロジェクトシンポジウムを開催し、介護予防と地域活動の健康度の関係をベースライン調査からの中間報告として行いました。都市部における新しいボランティアの形としてプロボノの普及、最後に通いの場の運営者を含めたパネルディスカッションを行いながら、普及に向けた取り組みを開始しました。

　あわせて、企業・事業者向けには、先行実施していた「元気応援キャンペーン」を活用した講習会の講師派遣などのコンテンツやプログラム提供への協力を求めていきました。

　特に、取り組みのなかで都市部らしいものとしては2つあります。

　1つめに、都市部のリタイヤ高齢者の活躍できる場と機会の創造について、かねてより課題としており、シルバー人材センターはあるものの既存のスキル・ノウハウを発揮できる機会にはなり得ていませんでした。新たな活躍の機会と場としてプロボノを創設し、高齢者が運営する「元気応援くらぶ」等を支援することを想定しました。実際には社会貢献を目指す老若男女のワーカーが参加し、要望に応え支援対象を高齢者にかかわらず地域団体・NPOに拡大し、より win-win の関係ができました。おもな支援内容としては、ニーズ調査、周知チラシや Facebook の作成、スプレッドシートを活用した報告書作成などを行ってもらいました。

補足説明 **プロボノ**

　「プロボノ」とは、「公共善のために」を意味するラテン語「Pro Bono Publico」を語源とする言葉で、【社会的・公共的な目的のために、職業上のスキルや専門知識を活かしたボランティア活動】を意味します。

図3-16 プロボノ支援

（筆者作成）

　２つめに、高齢者の社会参加が少ないものの、後期高齢者のボランティア活動が増えている地域を市と大学でフィールド調査を行った際、その地域のなかでも盛んに活動している「ことぶき会」（老人クラブ）が中心に行っている南山カフェを訪問しました。すると、地域のみなさんが楽しそうにさまざまな取り組みをしているものの、徐々に参加できない人が出てきているとのことでした。もともとこの地域は開発に伴い同時期に転入した人が多く、ともに月日を過ごしてきているので親近感があるのですが、最近は自治会館まで来ることが困難な人が出てきているとのこと、今後さらに増えていくだろうといっていました。

　よく調べてみるとこの地域の高低差は20m以上、半径1km以内に日常生活用品を買い物できるスーパーがないなどの不便さがあり、コミュニティバスなどがあれば便利と感じているのですが、需給バラ

ンスや住宅地の狭隘道路であるため検討が進みにくいとのことでした。

　そうした現状をふまえ、環境省と国土交通省が推進しているグリーンスローモビリティ（電動で、時速20km未満で公道を走る4人乗り以上のパブリックモビリティ）というものがあり、このような狭隘道路で、移動距離が短い地域には最適ではないかとの提案を千葉大学からいただきました。たまたま、国土交通省でグリーンスローモビリティの実証調査を公募していたことから、市、大学、地域の「ことぶき会」の三者で応募し、採択され、4週間のチャレンジを行うことになりました。

　このチャレンジでは、グリーンスローモビリティというツールを活用するために、地域全体が協力し、それぞれの強みを活かしたコレクティブ・インパクトを実現し、地域の互助が推進され、住民が社会参加しやすい環境を整えると健康寿命の延伸に寄与できるかを検証できればと考えていました。

　実際の実証調査のなかでは、グリーンスローモビリティの運転も地域のボランティアによって行われ、多くの地域で再発見があり、人と人がつながる互助が再確認されました。特に7人乗りのグリーンスローモビリティのなかでは、顔見知りによる買い物や料理をはじめさまざまな情報交換が行われていました。きわめつけは地域の音楽家による「グリスロ賛歌」で、音楽を流しながら走行する姿は「動くサロン」としての様相を呈していました。

　大学と共同で高齢者向けの調査を行った結果、グリーンスローモビリティの導入前後では、外出頻度やスポーツや趣味の会、学習・教養サークル参加頻度、主観的健康観、転倒不安では有意差を認めませんでした。一方で、ボランティア参加頻度（週1回以上）が15人（27.3％）から23人（42.8％）へ有意に増え、うつありが17人（33.3％）から5人（9.8％）に有意に減少していました。

　あわせて実施したGPSを用いた日常行動範囲調査では、グリーンスローモビリティの調査中は、走行範囲外を含め拡大していることが

図3-17 グリーンスローモビリティの活用に伴う行動範囲の拡大

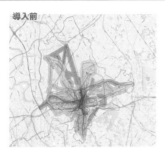
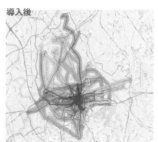

導入前　　　　　　　　　導入後

※赤線は、グリーンスロモビリティ経路

自宅周辺に傾斜がある参加者（28人/58人中）に注目し、
日常行動範囲の変化を確認したところ…

導入前に比べ、導入後は行動範囲が1.5倍に

出典：千葉大学予防医学センター近藤克則教授資料

明らかになりました。

　この3年の間に、住民主体の活動を活性化するために、多様な取り組みがWHO（世界保健機関）に取り上げられました。また、通いの場に多くの人が出向けば、個々の家庭の電気消費量が減少し、地球温暖化に貢献できるという仮説の研究への協力や介護予防へ投資できるようなSIB（ソーシャル・インパクト・ボンド）の研究などを通して、地域に還元できるスキームづくりにチャレンジしてきました。引き続きトライ＆エラーをしながらも、地域のニーズに応えられるような取り組みを行っていきます。

❸ 今後の可能性

　共同研究期間の満了に伴い、その成果を市内外に発信するために、当時の厚生労働大臣・松戸市長・近藤教授の三者により、「これからの健康長寿社会の実現を目指して」と題する鼎談を行いました。

　そのなかでは、おもに3つの成果（研究データの発表）が挙げられています。

①社会参加者が 46.6%→ 51.9%（5.3%の増加）
②社会参加している人の要介護リスクの悪化率の低下（▲ 30%低い）
③市が支援する「元気応援くらぶ」の要介護リスクの悪化率の低下（▲ 60%低い）

　この間、新たにソーシャル・キャピタルである民間企業のヤマトグループと市・警察署が「地域共創社会の実現に向けた連携に関する協定」を締結し、ヤマト運輸のネコサポステーションを中心にさまざまな取り組みを開始しています。

　このような成果にもとづき、共同研究は 2020（令和2）年4月より次のステージに進むため、協定を更新することとなりました。

　この時期、市中では新型コロナウイルス感染症の感染拡大に伴い、オンライン・ミーティングを中心に議論を行いました。そこでは、高齢者のフレイルが進むと懸念されるなか、新たな生活様式に合わせた方策として、ICT を活用したオンライン・サロンモデル事業が提案されました。市は補正予算を、大学は研究助成費をそれぞれ確保して研究を進めると同時に、高齢者を含めて地域を支えていくためにはダイバーシティを推進することで、より多くの人が参画することが可能になり、支える側と支えられる側の相互性が推進できると考え、研究に協力してもらえるパートナー確保などの体制準備を進めています。

　また、次期計画の施策を展開するなかで、これまで研究に協力し

てもらっていた「元気応援くらぶ」をレベルアップすること、また、要介護認定者を含めて受け入れられる住民主体の通所型B創設など、地域の人と暮らし続けられる仕組みづくりを目指しています。

　また、新たな高齢者の保健事業と介護予防の一体的実施に取り組み始め、介護保険の総合事業と連携することにより、シームレスな政策を推進できるような検討が必要となります。

図3-18 第1期の成果を広報に掲載①

図3-19 第1期の成果を広報に掲載②

●広報まつど　2020(令和2)年2月20日

特別鼎談

厚生労働省加藤大臣 × 本郷谷市長 × 千葉大学予防医学センター近藤教授

—— 都市型介護予防モデル「松戸プロジェクト」成果の報告と特別鼎談 ——

市では、これからの高齢化社会に対応するために、千葉大学予防医学センターと共に、通いの場やボランティアへの参加といった住民主体の地域活動の介護予防効果について研究する「松戸プロジェクト」を進めてきました。一方、厚生労働省では、エビデンス(科学的根拠)に基づく介護予防施策の推進を掲げています。

「これからの健康長寿社会の実現を目指して」をテーマに、加藤勝信厚生労働大臣に、本郷谷健次市長・千葉大学予防医学センター近藤克則教授との鼎談の機会を設けていただきました。

人生100年時代の到来
支えられる側でありながら、支える側に

加藤大臣
　人生100年時代と言われる中で、国民の皆さんが健康に、いつまでも活躍できるように、健康寿命の延伸についてしっかり進めていく必要があります。
　これからは65歳で「高齢者」という線を引いて考えるのではなく、70歳でも75歳でも、支える側としても活躍される方が増えていくことになれば、高齢化社会の未来像というものが変わってくるのではないかという思いがあります。
　厚生労働省としても、介護予防・地域づくりの推進を介護保険制度の見直しの大きな柱と考えており、住民主体の通いの場等の介護予防の取り組みの推進や、高齢者の就労活動等を通じて、地域とのつながりを保ちながら役割を持って生活できるようにするため議論をしています。

近藤教授
　これまで、社会参加による健康づくり・介護予防の先駆的な事例は地域の人たちのつながりが豊かだった所が多いですが、地域のつながりが薄くなりがちな都市部でもそれが実現できるかという問題意識がありました。そこで、平成28年11月から松戸プロジェクトを始めました。

本郷谷市長
　健康を維持するためには、食事・運動・社会参加の3つが充実していることが重要と考えますが、社会参加については、健康に良いといわれながらも、どれほどの効果があ
るか明確ではありませんでした。松戸プロジェクトにおいて、住民の社会参加を推進しながら、その健康への効果を定量的に検証できれば、これからの介護予防施策を行うにあたっての柱になると思っています。

近藤教授
　松戸市で、社会参加状況別に1、2年後の健康を追跡して比べました。社会参加をしている人、特に市が補助を行う住民主体の地域活動団体「元気応援くらぶ(※4面参照)」に参加している人は、何もしていない人に比べて要介護リスクが低く、都市部での住民主体の地域活動に意味があると確認できましたまた、松戸プロジェクトの効果だけとはいえませんが、プロジェクト実施期間中に松戸市の高齢者の社会参加の割合が5%以上増えていました。これを、松戸市全体にあてはめて推計すると、1万人弱の人が社会参加を始めたことに相当し、期待した以上の増加があることに驚きました。

松戸プロジェクトの活用
地域のつながりを結び直す

加藤大臣
　これからの時代、効果的な介護予防施策
や地域共生社会を実現していくためには、いろいろな経験・資格をお持ちの退職後の高齢者に、いかに積極的に社会参加してもらうかということが重要になります。
　都市になればなるほど地域のつながりが希薄になる中で、地域で力を発揮したいと思う人が社会参加をしやすいように、地域のつながりを結び直すということが大きなポイントです。松戸市の場合、松戸プロジェクトの成果を大いに周知し、地域の皆さんや民間企業の参加を促し、地域の改善につなげるという一つ一つの積み重ねが大事であると考えます。

本郷谷市長
　高齢化社会の中で、研究により得られた定量的な根拠に基づき効果のある施策を立て、社会参加への意識・動機づけを行い、地域共生社会という考え方の中で、医療・介護・防犯・防災等地域のさまざまな課題に地域全体で対応しながらお互いに力をつけていくという体制を作り、これからの時代に対応していきます。

加藤大臣
　全てが公助だけ、あるいは自助だけで解決するということはできない時代に入っており、地域における共助という部分を大事にしていく必要があります。国も財政的な面や制度的な面において、それぞれの地域でそうした動きが生まれる環境をしっかりつくっていきたいと考えております。
　松戸市が先駆的な取り組みを行って、成果をあげていただけることを、心から期待しています。

大阪府寝屋川市

◆ 地域の基本情報 2021（令和3）年1月現在

人　　　口	230,468人
面　　　積	24.73㎢
人 口 密 度	9,319人／㎢
高 齢 化 率	29.9％
一般介護予防事業における「通いの場」の数	335か所

寝屋川市

◆ 地域の特徴

　寝屋川市は、大阪府の北東部、淀川の左岸に位置し、2019（平成31）年4月1日に施行時特例市から中核市に移行した、人口23万468人の住宅都市です。

　面積は24.73㎢と、車で30分程度あれば、市域の端から端まで移動することができる範囲であり、路線バス、タクシーの公共交通も充実しています。

　高度経済成長期に、大阪市と京都市をつなぐ京阪電車の沿線において急激に人口が増加したことから、現在でも人口密度（9,340人／㎢）が高い地域です。また、人口増加時期と関連し、70歳代前半（団塊の世代とその付近の世代）と40歳代後半（団塊ジュニア世代）の割合が国や大阪府と比べて高く、現在の高齢化率は29.8％、後期高齢者数が増加する2025年には要介護認定者数が現在より3割増加し、15,000人を超えると見込んでいます。

　増加していく要介護認定者の生活を支援するため、自立支援・重度化防止に取り組むとともに、生産年齢人口の減少により介護人材の確保が難しい状況も見込まれることから、要介護状態になる前の段階で

の介護予防の取り組みが重要であると認識しています。

　日常生活圏域は6つ、地域包括支援センターは各圏域に2か所（中学校区に1か所）、市内全体で12か所設置しています。

① 取り組みのプロセス

1 取り組みを始めたきっかけ

　寝屋川市では、訪問指導・短期集中予防通所サービス（以下「通所C」という）を中心に、リハビリテーション専門職（以下「リハ職」という）と連携した介護予防の取り組みを進めています。その成果として、通所Cを終了した高齢者が生活機能を改善させ、介護保険サービスを卒業している事例も多くみられています。また、卒業後の社会参加先として、介護予防教室や通いの場だけでなく、日常の買い物等、活動量の多い「もとの生活」としている点が取り組みの特徴といえます。

　通所Cについては、奈良県生駒市等を参考に、2017（平成29）年4月の介護予防・日常生活支援総合事業（以下「総合事業」という）開始当初から事業者指定による類型を設定していましたが、対象者像の設定が十分でないまま、同じく要支援認定者が利用できる従前相当通所サービス（以下「通所従前」）・基準緩和通所サービス（以下「通所A」）と同様に、利用者の選択にもとづいて利用することとしていたことから利用につながらず、3事業所が運営していたものの、2017（平成29）年度の通所C利用は6人だけでした。

　自立支援型地域ケア会議（自立支援の視点で介護予防ケアプランの内容を多職種で検討する会議。以下「ケア会議」という）も新たに設定し、前年の2016（平成28）年度には、ケア会議のファシリテーターやアドバイザーを養成することを目的とした研修を何度も開催しており、地域包括支援センターや介護保険事業所職員と自立支援のための認識の共有を図っていたことから、「よいサービスであれば自然

と利用が増える」と通所Cの利用が促進されることを甘く見込んでいました。

② モデル事業の実施

そのようななか、2016（平成28）年度にアドバイザー・研修講師としてかかわっていただいた鎌田大啓氏（株式会社TRAPE代表取締役社長・作業療法士）を通じて、寝屋川市をフィールドに通所Cの効果を測る介護予防の実証研究を実施したいと提案がありました。市としても通所Cの利用促進を含め、介護予防を推進したかったことから、モデル事業として実施することにしました。

医療経済研究・社会保険福祉協会医療経済研究機構の服部真治氏を代表者とする研究チームが、介護予防に最も効果が高いのは社会参加（もとの生活の再獲得）であるという認識を前提とし、社会参加につなげることを目指す通所Cが、従来の予防給付よりも対象者への介護予防の効果が高いということを証明しようというものです。

市内部では、課題の解決に向けた取り組みであることに加え、日本理学療法士協会からの研究費助成を受けて実施することから市の歳出が不要であったため、円滑に合意を得ることができました。また、通所C事業者やケアマネジャー、リハ職等の関係者については、事務負担の増加に対する意見はあったものの、目的や実施内容を繰り返し説明し、協力を得ることができ、実施につながります。

実施にあたっては通所Cの利用料を無料とし、要支援1・2の認定を受けた65歳以上の住民に案内通知を送付したうえで、地域包括支援センターやサービス事業所から勧奨して希望者を募り、通所Cを利用するグループ（介入群）と利用しないグループ（対照群）に無作為に分けたランダム化比較試験（RCT）として、375人に参加していただきました。①ケアマネジャーとリハ職の同行訪問アセスメント（明確な目標の設定）、②通所C事業所における機能測定・アンケート調査、③ケア会議（①、②の内容を踏まえたケアプラン内容の支援

図3-20 モデル事業の実施スケジュール

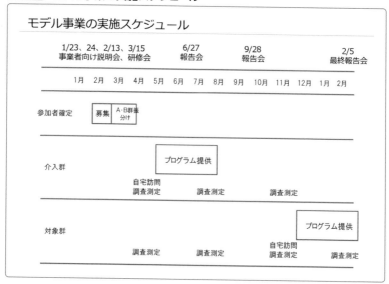

者間の共有）、④通所 C（週１回、３か月間のセルフマネジメント支援を重視した運動器機能向上・口腔器機能向上・栄養改善のプログラムの提供）、⑤通所 C 事業所における機能測定及びアンケート調査（２回目、サービス終了時）、⑥ケア会議（通所 C 終了後の評価、介護保険サービス卒業の判定）、⑦通所 C 事業所における社会参加プログラム（通所 C の振返り・介護保険サービス卒業後の生活に関するアドバイスの実施）、⑧通所 C 事業所における機能測定およびアンケート調査（３回目、サービス終了３か月後）。

　通所 C のサービス提供は、研究チームにより①〜⑧のとおり組み立てられ、通所 C は指定事業者（A 群サービス提供時４事業所、B 群サービス提供時７事業所）により提供、訪問アセスメントは、担当ケアマネジャーと、2017（平成 29）年度のケア会議にアドバイザーとしてかかわっていたリハ職のなかから有志を募り実施しました。

図3-21 寝屋川市総合事業の構築過程

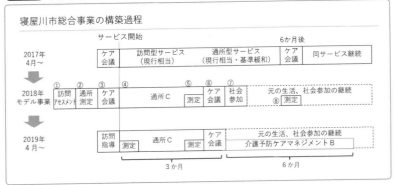

3 理学療法士等多職種のかかわり

　現在では、市の介護予防の取り組みに必要不可欠な存在となっているリハ職とのかかわりについては、ケア会議アドバイザー養成のための計26回の研修を開催したことがきっかけとなりました。研修には、市内でサービスを提供する医療機関や介護事業所に所属している専門職に直接声をかけ、参加者を増やしていきました。専門職同士、何度も顔を合わせるなかで今後の情報共有を図るための寝屋川市リハビリテーション連絡会の発足にもつながります。

　モデル事業では、リハ職がケアマネジャーと訪問アセスメントを実施し、生活機能の予後予測を踏まえ、目標を設定するとともに、実際のサービスが自立支援の視点で提供されるよう、通所Cを含むサービス事業所において取り組む内容についても提案しました。リハ職がアドバイザーとして参加していた2017（平成29）年度のケア会議においては、多職種の視点で検討することにより、ケアプランの質の向上が図られていたものの、サービスを提供する事業所にまでは自立支援の意識が浸透していないように見受けられたためです。

　通所Cの取り組みで重視されているものは、利用者自身のセルフマネジメント力の向上を目指している点で、週1回2時間のサービス提供時間だけではなく、利用していない週6日間や3か月の利用期間

253

図3-22 自立支援に関する研修

自立支援に関する研修

リハビリ専門職向け研修会

目的：自立支援型地域ケア会議のアド
　　　バイザーができるようになる
内容：和光市・大分県で展開されている
　　　内容を軸に、ICF、アセスメント、
　　　模擬ケア会議など

計26回(2016年5月〜2017年3月)
繰り返し会合をもつ中で、

寝屋川市リハビリテーション連絡会
(市内で活動する専門職の自主活動組織)

発足！！

自立支援に関する研修の様子

ケアマネジャー・デイサービス・
訪問介護職員向け自立支援研修会

回数：3回 (2016年8月〜10月)

地域包括支援センター職員向け
研修会

回数：6圏域(1圏域に2包括)×6回
　　　＋まとめ　計37回
　　　(2016年5月〜2017年3月)

終了後の生活における活動に着眼し、生活機能が低下することで失っ
た対象者の自信を取り戻すように ICF の視点で対話することによる
メンタルサポートに取り組みます。

4 モデル事業による利用者の変化

　脳血管疾患後遺症による麻痺患側の痛みや痺れがあり、外出機会の
減少がみられることから、自転車に乗ることや毎日の外出を目標に通
所 C のサービスを提供した事例がありました。利用者本人は、「3 か
月だけやっても何も変わらんと思うけど、お試しやから、ひとまず
やったるわ」と、通所 C の効果には半信半疑でした。当初は、体の
痛み、しびれについて、また、達成が難しい目標に対してネガティブ
な発言が多かったものの、犬の散歩や口腔ケアの継続等を成功体験と
して称賛し続けるうちに気持ちが前向きになり、3 か月目には、以前
の趣味であった釣りに行きたいという話が出たり、娘に誘われて夜行
バスで東京まで行き、好きなアーティストのライブイベントに参加し

たりと、以前の活動的な生活を取り戻していきました。

5 モデル事業の成果

　これまでの介護予防サービスは、生活機能が高まっても、重度化防止のために継続して提供することが一般的だと（少なくとも寝屋川市では）考えられていましたが、モデル事業においては、通所Ｃの全てのプログラムを提供した人のうち、約４割（評価会議時点）の人が生活機能を改善させ、もとの生活（活動量の高い生活）を取り戻し、そのうちの半数は介護保険サービスを利用する必要がなくなりました。

　モデル事業の結果を踏まえた、2019（令和元）年度からの寝屋川市総合事業における大きなポイントは次の３つです。

①「訪問指導」の創設

　モデル事業において、アセスメントを目的に訪問したリハ職の助言のみで生活機能を向上させる事例があったため、特定のサービスが必要と見込まれる対象者にケアマネジャーとリハ職が訪問し、アセスメント、助言する仕組みを、地域リハビリテーション活動支援事業として取り入れました。

　また、訪問することで、対象者を直接見て助言できることから、多職種の視点で自立支援に向けて検討していたサービス提供前のケア会議をなくし、ケア会議は通所Ｃ終了時の評価としてのみ開催することとしています。

②通所Ｃの充実

　新たに要支援認定を受けた人は、例外３要件（がん末期、認知症、難病で専門職による継続的な支援を要する状態。この状態で通所型サービスを要する場合は通所従前を想定）を除いて原則、通所Ｃの利用を提案します。通所Ａを利用するには通所Ｃを利用しなければならないという要件も追加しました。

　また、通所Ｃについて、セルフマネジメント力を高めるための対

話を重視するなど、質の高いサービスを指定事業者に求めることとなったことから、介護報酬を増額するとともに、指定事業所数を制限（新規申請受付を休止）し、質を確保することとしました。

③介護予防ケアマネジメントBの創設

　生活機能が改善し、介護保険サービスを終了するにあたり、支援を受けずに生活することに不安を抱く高齢者がいたことから、訪問指導または通所C終了後にサービス未利用状態となった高齢者に対し、ケアマネジャーが訪問による社会参加等の状況確認等を行うことについて介護報酬を設定し、最長6か月間のメンタルサポートを実施することとしました。

　モデル事業の実施により、もとの生活を取り戻すことができた対象者がいたことと、2019（平成31・令和元）年度からは、市職員、地域包括支援センター職員、ケアマネジャー、通所C事業所職員、リハ職等が情報共有する会議を毎月開催するなど、介護予防の取り組みについて一緒に検討するチームができたことも大きな成果といえます。

図3-23 総合事業連絡会

② 取り組みの現状

　モデル事業をふまえて運用を変更した2019（平成31・令和元）年度では、訪問指導実施者研修を受け、協力していただいたリハ職が約50人で、訪問指導実施件数は616件。実施件数の約半数、297人が通所C（7事業所）の利用につながりました。

　通所Cの結果は、介護保険サービスからの卒業が34.4％。生活機能は改善しているものの、すぐにサービス終了は難しいという卒業見込みも1割超あり、卒業見込みのほとんどはそのままサービス継続につながっています。生活機能が高まったうえで社会参加の促進に至ら

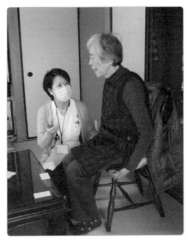

訪問指導の様子

図3-24 訪問指導・通所C実績（2019年度訪問指導実施分）

寝屋川市 訪問指導・通所C実績（2019年度訪問指導実施分）

訪問指導実施件数	通所C利用		通所C利用後2020年6月30日現在評価済分							
			卒業		卒業見込み		継続		計	
616件	297件	48.2%	77件	34.4%	32件	14.3%	115件	51.3%	224件	

ない事例の要因としては、サービス未利用状態での生活への不安感が大きかったり、介護保険サービス以外の通いの場に行きたい、または行ってもよいという意欲があるものの、近くには活動会場がないので行けないといったものもあります。

❸ 今後の可能性

　介護保険サービスからの卒業にあたり、市が関与する介護予防教室等へのつなぎをしていないことから、今後、活動量の多いもとの生活を取り戻した後、生活機能が悪化した場合に早期発見できる仕組みを要するかもしれません。今後も、現場を含めた外部とのつながり、事業運用上のルール設定と現状把握後のできる限り早い運用改善を重要と考え、総合事業連絡会等を通じて状況を把握していくとともに取り組みを検討していきます。

　また、2020（令和2）年度に創設した、住民主体の通いの場への補助金、専門職派遣の仕組みと生活支援コーディネーターにより、社会参加先となる活動を支援するとともに、生活支援コーディネーターが地域資源情報の把握量やネットワークを活かして、より一層おせっかいな取り組みとして通所Cにかかわることで、より多くの高齢者が活動量の多い生活が送れるように、取り組んでいくこととしています。

事例8 愛知県豊明市

◆ 地域の基本情報 2021（令和3）年2月現在

人　　　口	68,873人
面　　　積	23.22㎢
人 口 密 度	2,966人／㎢
高 齢 化 率	25.8%
一般介護予防事業における「通いの場」の数	79か所

豊明市

◆ 地域の特徴

　昭和40年代のUR団地の建設に伴う急激な人口増加により市制施行した豊明市は、大都市近郊の典型的な人口構成で、今後5年〜10年で後期高齢者の人口がピークを迎えます。

　市内には日本最多の病床を有する藤田医科大学病院（1,435床、うち回復期65床）があり、介護資源は、市内に特養（259床）、老健（448床）を始め700床を超える介護保険施設を有している一方、在宅を支えるサービスは不足しており、高度急性期医療を担う大学病院や施設系サービスに偏った医療介護提供体制になっています。

❶ 取り組みのプロセス

⬛ 介護保険を使って重度化する現実

　豊明市は、UR団地を中心として地域のさまざまな関係機関と高齢者の暮らしを支えていく取り組みに着手していたものの、介護保険や介護予防・健康づくりの分野においては決して先進的な取り組みをしていたわけではなく、どちらかといえば遅れをとってきた自治体でし

259

た。しかしながら、総合事業（2016（平成28）年3月移行）が、豊明市にとって非常に大きな転換点となりました。

　総合事業移行当時、豊明市では軽度要介護認定者数と給付費の伸びがいちじるしく、特に要支援認定者数は2006（平成18）年当時から4.2倍に増加しており、給付額は2010（平成22）年から2014（平成26）年のわずか5年間に、介護予防通所介護が2.5倍（年平均伸び率35％）に、介護予防訪問介護が1.5倍（年平均伸び率12.5％）にもふくれ上がっていました。

　一方、要支援者のサービス利用1年後の重度化率では、要支援1の人が1年後も要支援1でいるのはわずか43％で、6割は悪化してしまうことが明らかになりました。サービスを利用し、その効果が出ているどころか、いちばん軽度の要支援1の状態なのに、4人に1人は1年後に要介護状態になってしまいます。

　公的保険で専門的な介護予防サービスを提供しながら、なぜたった1年で要介護状態になってしまうのか、全国平均と比べても本市はきわめて高い重度化率であるというこの結果には、市だけでなく委託先の地域包括支援センターや市内の理学療法士らも大変驚き、これまでの支援方法を再考するきっかけになりました。

2 短期集中C型を軸とした総合事業の設計

　豊明市は、総合事業への移行をきっかけに、原則すべての新規要支援認定者は、地域包括支援センターが直接プランを担当することとし、専門性の高いリハビリテーションを通所と訪問の組み合わせにより短期集中的に提供し（短期集中C型「元気アップリハビリ」）、3か月から6か月（全30回）で日常生活に戻すプログラムを標準的支援としました。つまり、これまでのように「デイサービスに通い続けること」を前提とせず、終了して「日常生活の場に戻す」ことを目指すこととしたわけです。

　しかしながら、「デイサービスに通い続けることで状態を維持して

いる」「移動の足がないためデイサービスをやめたら行く場所がない」
「本人より家族が預かってほしいと希望される」等の理由から、市も
地域包括支援センターも皆が継続利用を当たり前と考えていたため、
「本当に終了なんてできるのだろうか」という疑問は常にありました。

3 ふつうに暮らせるしあわせをみんなで考える「地域ケア会議」

　そこで、総合事業の開始と同時に始めたのが「多職種合同ケアカン
ファレンス」と名づけた会議、いわゆる「地域ケア会議」でした。

　豊明市では、この「多職種合同ケアカンファレンス」を「ふつうの
暮らしに戻す支援をみんなで考える場」として、2016（平成28）年
4月から毎月（2017（平成29）年から月2回）実施しています。「終
了なんて本当にできるのだろうか」を、地域包括支援センター、リハ
職、生活支援コーディネーターら専門職と行政が集まってみんなで考
えようとしたわけです。

　豊明市の「多職種合同ケアカンファレンス」には、これまで他市が
行ってきた地域ケア会議と異なる3つの特徴があります。

①オープンカンファレンス方式

　誰でも自由に参加ができ、参加者はすべて無報酬、アドバイザーは
不在で、すべての職種はフラットな関係であるというものです。大き
な円陣を作って、地域包括支援センター、ケアマネジャー、専門職は

多職種合同ケアカンファレンスの
様子

もとより、病院実習生や民間企業も参加するほか、他自治体等からの視察者があり、毎回 60 名から 80 名ほど集まります。

②ケーススタディ型

「このケース「を」考えるのではなく、このケース「で」考える」こととしており、検討事例のプラン修正を目的にしていません。「よくある事例」をみんなで検討し、リハ職、生活支援コーディネーター、医師、薬剤師、ソーシャルワーカーなど、それぞれ専門の立場のコメントから互いに学び合い、職種間の専門性の技術移転を促し、それぞれの立場から行動を変えていく、次に活かすことを目的としています。

③「生活モデル」にもとづくディスカッション

会議では、本人のこれまでの暮らしぶりや大切にされてきたことに思いをはせ、専門職が提供したい医療やケアではなく、本人にとっての「ふつうに暮らせるしあわせ」とはどういうことで、専門職として提供する医療やケアはどうあるべきかを考えます。なぜ今までの普通の暮らしができにくくなったのか、「何が課題」で「どうなりたいのか」「今の支援で本当に解決できるのか」を中心に、参加者の自由な発言によりディスカッションし、日常の暮らしに戻す支援のあり方を深めていきます。

多職種のそれぞれがもつ専門知識の共有を重ねていくうちに、このカンファレンスが 1 つの専門職の専門性に、別の専門性を加えていくことに大いに役立つことが実感できるようになりました。

ケアマネジャーであってもリハビリの視点で気づきが生まれるようになる、看護師が管理栄養士の視点でケアにあたれる、医師が患者の地域とのつながりに気を配るといったように、1 人の専門職が多職種の視点でみることができる専門職となっていき、それを通じてケアの質が格段に上がっていくことを関係者の実体験として理解できるようになってきたのです。

こうした職種間の専門性の技術移転は、それぞれの職種の専門性にさらに磨きをかけていこうというプロフェッショナル意識を高めるこ

とにもつながっていきました。

4 生活モデルの転換

　カンファレンスを通じて、多くの高齢者の暮らしを皆で検討してみえてきたのは、本人がこれまで送ってきたふつうの暮らしへと戻り、その後も生活を継続していくには、単に外出をデイサービスに、家事をヘルパーに置き換えることでは決して解決できないことでした。

　また、魅力的な外での活動や、高齢期における日常生活を営むための手段の提供を通じて本人の意欲にまでアプローチできなければ、もとの普通の暮らしに戻すことは難しく、「しないこと」や「やれないこと」が増え、結果として重度化してしまうということでした。

　やがて、総合事業を始める際に漠然とそうあるべきと考えていた「介護サービスからの卒業」は、何かおかしいということを考えるに至るようになりました。高齢者は、最初に落ち着いた場所から次々と新しい場所へとは居場所を変われないものです。ある人がこれまで暮らしのなかでできていたことができなくなったときに支援を求めて専門職が介入し、通所サービスなどを利用してもらい、一時的に活動を追加しつつ、専門的な支援を行うわけですが、それは本人にとっては「普通の暮らし」ではない「非日常的な活動」であって、目指すべきは以前の暮らしを取り戻すことではないでしょうか。

　こうして、支援当初から本人の以前の暮らしの活動を取り戻していくような支援を行い、その活動が定着したら専門的なサービスを徐々にフェイドアウトしていくという支援イメージが生まれました（**図3-25**）。

　このようにして「できるだけ本人の普通に暮らせる幸せを支える。そのために役立つものを見つける、探す、なければ創り出す」という本市の地域包括ケアの理念が生まれ、地域のあらゆるものを活用していこうという考え方をもつようになったのです（**図3-26**）。

図3-25 支援のイメージ

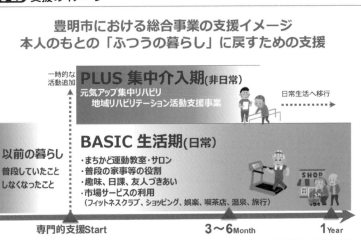

図3-26 あるものさがし

② 取り組みの効果

1 地域ぐるみの取り組み
〜ないものねだりから、あるものさがしへ〜

　そうしたなかで、あるとき、隣接する名古屋市にある温泉施設「楽の湯」の無料送迎バスが豊明市内を走っているのを職員が見つけました。出かける足がないために、週１回、唯一の外出先としてデイサービスを利用している高齢者が数多くいるなか、無料送迎バスに乗って温泉施設に行けば、お風呂に入って食事ができ、半日過ごして帰ってくることができます。

　温泉施設には床屋や地元野菜を売るコーナーもあり、高齢者の生活を支えるサービスとなる可能性があるかもしれません。そのような場所を、何の支援もなく企業独自のサービスとして提供してくれていたのです。そこで翌日すぐに訪問し、市として利用客を増やす手伝いをしたいと申し入れをしたところ、大変驚かれました。

　また、駅前で食糧品の店舗を構える「コープあいち」は、市との協議で、店舗で購入した商品をすべてその日の午後に自宅まで無料配達するサービス「ふれあい便」を始めました。コープはこれまでも個人宅配を行っていましたが、注文票のマークシート記入が難しい、配達日を忘れてしまうなど、利用しにくいという高齢者は多くいました。

温泉施設の無料送迎バス
「楽の湯」

ふれあい便は、商品を自分の目でみて選べる楽しさと、持ち帰りの心配をせずに購入できる便利さが好評を得て、利用者はどんどん増加していきました。

2 民間事業者との協議と共創

　民間企業にとって、消費者がますます高齢化する地域社会において、高齢者のニーズにあった商品やサービスを考えていくことは当然のことかもしれません。しかしながら、民間企業としては、高齢者が本当は何を望んでいるのか把握しにくい、どうやってサービスの価値を高齢者に知ってもらえるのかがわからないという課題がある一方、利用する高齢者は、自分の困りごとを解決するのに役に立つ、どんなサービスがあるのか分からない、どうやったら利用できるのかわからないといった課題があります。

　このような状況では、たとえ民間企業がよい商品やサービスをつくっても、地域にある便利なサービスや商品を伝え、使いこなすための支援がなければなかなか利用が進まず、やがて地域から撤退していってしまうということになります。この悪循環を変えない限り、高齢者の暮らしを支える可能性のある社会資源が地域に根づかないのではないかと考えるようになりました。

　このような課題意識から、本市は民間企業との連携をより一層進めるため、高齢者の暮らしにくさを解決する生活支援や健康寿命延伸に寄与するサービスを展開する民間企業に市から声をかけ、協議の場を設け、2017（平成29）年2月に、まず民間企業・団体9社と「公的保険外サービスの創出・促進に関する協定」を締結しました。

　協定企業は、リサイクル業者、フィットネスクラブ、掃除サービス業者、食品メーカー、自動車部品メーカー、医薬品卸業、スーパー、天然温泉施設、カラオケ施設、シンクタンク等多岐にわたり、2020（令和2）月10月現在18社と締結しています。

　前述の温泉施設では、平日毎日送迎バスに乗ってモーニングサー

オンデマンド型送迎サービス
「チョイソコ」

ビス付きの温泉を楽しむことができます。廃棄物処理業者は1時間3,000円で自宅の片付けとごみ処理、カラオケボックスや音楽教室では歌いながらの健康体操、地域で開催する体操教室では企業が出張で骨強度を測定してアドバイス、ドラッグストアでは栄養相談が受けられます。また、外出支援においては、自動者部品メーカーが地域のさまざまな店舗等からの協賛金をまとめて運営するオンデマンド型送迎サービスを展開しています。

　これらは、市と民間企業が企画段階から、ともに協議を重ねてつくり上げたサービスのほんの一例です。

3 協同組合を核とした住民の互助の力

　豊明市には、JAあいち尾東農協、コープあいち、南医療生活協同組合があり、古くからそれぞれの組合員を中心とした互助活動を続けていました。もちろんこれまでも市はそれぞれ個別の活動において協力関係にありましたが、それら協同組合が地域で実践してきた支え合い活動を、もっと住民に見える形にし、支えあいに参加する住民の輪を広げていくことはできないだろうかと協議を重ねてきました。そして、2017（平成29）年11月1日に、3つの協同組合と市が運営主体の「豊明市おたがいさまセンターちゃっと」を開設することとなりました。

「ちゃっと」は、ゴミの運び出しや電球の交換、庭の草木の手入れ、郵便物の投函といった生活のちょっとした困りごとを、住民同士がお互いさまの気持ちで助け合う仕組み（30分につき250円のチケット制）です。

　支援するのは、「おたがいさま講座」を受講してサポーター登録をした住民であり、現在278名（2020（令和2）年9月末現在）が登録していますが、8割強は60歳以上の住民です。ともすると、行政がこうした住民主体の生活支援サービスを立ち上げる際、ボランティア養成講座に参加してもらえない、あるいは講座を受けるだけで実際の支援活動には参加してくれないといったことが少なくありませんが、「ちゃっと」は、もともと互助活動を実践してきた協同組合の組合員らを核として広げていったのですぐに実践に結びつきました。

　その後、徐々に活動を地域全体に浸透させていくため、各自治会で「おたがいさま講座」を開催させてもらい、「ちゃっと」のしくみで各地域の支えあいの体制をつくっていこうと呼びかけていきました。

　現在では、1か月に「ちゃっと」が支援する件数は、同月の要支援者の介護保険におけるホームヘルパー利用件数より多く、要介護認定を受けていない高齢者から要支援・要介護認定を受けた高齢者まで幅広く支援しています。

　「ちゃっと」に寄せられる依頼をみると、高齢者のちょっとした困りごとが何なのかがよくわかってきます。ゴミ出しや草むしり、洗濯、電球交換などは想定内でしたが、たとえばカーテンを洗ったけれどカーテンレールにかけられない、ペットの猫を病院に連れて行って薬をもらってきてほしい、ご主人が入院するので入院グッズを運ぶのを手伝ってほしいなど、確かにどこにも頼むことができないが必要な支援がたくさんあることがわかってきました。

　支援するサポーターのみなさんは、「それくらいなら」「自分もいつかお世話になるから」という「おたがいさま」の気持ちでかかわっており、ボランティアという、なにかハードルの高い活動ということで

「ちゃっと」サポーターによる
生活支援

はなく、協同組合の理念に沿った「ごく自然な」おたがいさま活動として、住民主体の生活支援が比較的大きな規模で実現しています。

❸ 今後の可能性

　「交流がなくなるとデイサービス」「機能を維持するためにデイケア」というのが当たり前ではなく、「ふつうに暮らせるしあわせ」を目指す豊明モデルでは、高齢者は地域に無数にある資源のなかで支えられるほうが「より幸せ」なのではないかと考え、そのために役に立つものを探し、見つけ出し、なければ地域みんなで創り出そうという理念で取り組んでいます。

　なぜなら、高齢者は皆これまで、どんなに資源が少なく不便に思える地域に住んでいたとしても、食事に行ったり、買い物をしたり、畑仕事をしたり、習いごとをしたり、近所の人と立ち話を楽しんだりしながら、その人なりに暮らしてきたからです。

　これまでの一連の取り組みで、地域包括ケアを構築するとはどういうことか、その手ごたえを感じるようになってきました。地域において医療関係者、大学、協同組合、民間企業・団体、住民も含め、地域のさまざまな関係者がもつ資源や情報、力を集めてくること、どうなったら「この方」はしあわせか、そのためにどういう地域であってほしいか、実現したい未来をともに描くこと、そして皆で解決すべき

課題を共有し、それぞれの専門性や知恵を総動員して解決にむけてともに取り組むこと。

　こうして「ひとりの暮らし」から、「困ったね」「足りないね」を集め、取り組むべき地域課題へとつなげていくこと、これを愚直に繰り返すうちに、「その人」のふつうに暮らせるしあわせを守り支える「地域の力」が創られていくように感じています。

　地域ごとに最適なケアシステム―地域包括ケアシステム―を創り上げるべく、医療介護の枠を越え、これまでの価値観にこだわることなく地域ぐるみで創り上げる一地方自治体の試行錯誤が、全国で奮闘されている自治体や医療介護関係者の何かのヒントになれば幸いに思います。

事例9 **山口県防府市**

◆ **地域の基本情報** 2020（令和2）年12月現在

人 口	115,390 人
面 積	189.37㎢
人 口 密 度	609.33 人／㎢
高 齢 化 率	30.75％
一般介護予防事業における「通いの場」の数	46 か所

防府市

◆ **地域の特徴**

　防府市は、山口県の県央部、瀬戸内海側に位置し、中国山地に連なる山々に囲まれ、一級河川の佐波川と県下最大の平野を有した自然豊かな都市です。飛鳥時代に周防国の国府が置かれ、古くから海上交通の要衝として栄えた歴史ある都市で、江戸時代には製塩業、昭和40年代からは大規模工場の進出により、産業都市として発展を遂げています。また、人口減少率が緩やかで、歴史と地域のつながりを大切にする地域性を有しています。

　現在、住民主体の通いの場は46か所、2020（令和2）年10月からは事業所と住民が協働して、15の全中学校区に送迎付きの通いの場を設置に向けて動いています。

① 取り組みのプロセス

1 取り組みを始めたきっかけ

　防府市の高齢者福祉行政は、2017（平成29）年度の介護予防・日常生活支援総合事業への移行を前に、生活支援体制整備事業による地域づくりに力を入れはじめ、介護予防教室と買い物（移動）支援を一

体的に実施する「幸せます健康くらぶ」を立ち上げました。

　この取り組みは、行政、介護事業所、社会福祉法人および地域住民が協働して運営するものです。この取り組みを契機に防府市では住民主体の活動が広がっていき、訪問サービスBや通所サービスBにより住民の活動を支援する体制を整えていきました。また、生活支援コーディネーターを中心に、高齢者の困りごとを解決する「ほうふ・てごねっと」を立ち上げるなど、地域づくりに一定の成果を出していました。

　しかし、第7期介護保険事業計画の策定にあたり、給付費等の予測を目の当たりにした担当者は、「住民の互助活動で成果を出しても、それだけでは介護給付費の抑制、健康寿命の延伸・介護人材不足という課題の解決につながらないのではないか」という疑念をもちました。

　防府市は、要介護認定率の高さ、とりわけ要介護1以下の軽度認定者が多いという特徴をもっていました。そのため、第7期介護保険事業計画を「高齢者の自立支援・重度化防止策の成果と地域包括ケアシステムの深化・推進が実感できる期間」と位置づけ、保険者機能の強化やリハビリテーション専門職の活用などに取り組むこととしました。しかし、「短期集中予防型サービスを実施する」といった具体的な取り組みは定めていませんでした。

② 2018 年度の取り組み

　2018（平成30）年度に入るとすぐに、リハビリテーション専門職と通所介護事業所の有志20名弱を集め、通所サービスCの見直しを検討する勉強会を立ち上げました。それまでの通所サービスCは2次予防事業の流れから、スポーツジム等に事業委託し、虚弱な高齢者に3か月間運動をする機会を提供するというサービスでした。利用者は年間に50名程度で、単なる一時的な通所サービスに過ぎませんでした。

　勉強会は防府市の他事業にかかわってきたセラピストを通じて広く

リエイブルメントサービスを利用
している様子

参加を促し、「幸せます健康くらぶ」の立ち上げにかかわった防府市
通所サービス連絡協議会にも参加してもらい、月1回実施しました。

　勉強会の初回、担当者は参加者に対して、「市の事業を自分たちで
つくれるというのが、総合事業の魅力だ。自分たちの地域のことは自
分たちで決めよう」と伝えました。これは「幸せます健康くらぶ」の
立ち上げなどを通じて得ていたコツのようなものでした。

　「すべて行政が考えたサービスを実施させるという従前の事業の形
ではうまくいかない。地域の人や専門職を事業に巻き込み『自分のこ
と』としてかかわってもらうほうが、よいものができるし、関係者の
規範的統合も早い」と考えていました。

　同年7月には、先進2市への視察を行い、視察を行った8名全員一
致で大阪府寝屋川市のリエイブルメントサービスの導入について検討
することとしました。その決め手になったのは、「面談によりセルフ
マネジメントを可能にする」「地域にある資源を活用する」という手
法でした。

　高齢者の心身の状態を好転させるための大がかりなシステムや器具
を使った取り組みではなく、高齢者一人ひとりにしっかりと向き合う
この取り組み。セラピストが利用者に触らないサービスで、1日の通
所サービスは次の6日のために行われる、セラピストが生活を的確に
評価する。こうした取り組みのなかでセルフマネジメントを生み出す

ことに、視察に行った全員が驚き、惹かれていました。

その後、寝屋川市の事業のキーパーソンを招いて勉強会を開催し、セラピストだけでなく、多くの介護専門職にこのサービスについて伝えました。また、地域包括支援センターの職員、生活支援コーディネーターおよびセラピストの代表とともに、愛知県豊明市の「多職種合同ケアカンファレンス」を視察しました。高齢者一人ひとりに向き合い、高齢者がもとの生活を取り戻す手伝いをするには、生活支援体制整備事業と介護予防事業の連携、医療・介護の専門職の規範的統合を進める場が必要と考えたからです。この視察によって事業の全体像が明確になり、多くの専門職がそれを共有したことは、その後の事業展開に大きな影響を与えました。

次年度の予算編成期には、すでに寝屋川市が事業に成果を上げていたほか、また市内の多くの専門職がこの事業について共有していたことから、テスト事業の予算をしっかりと確保し、本格的な準備を始めることができました。また、勉強会に参加したセラピストが中心となり、防府市リハビリテーション専門職連絡協議会が立ち上がり、協力体制も整っていきました。

■3 2019年度の取り組み

2019（平成31・令和元）年度は、9月からのテスト事業実施に向け、事業所の選定や実務の検討に入るとともに、寝屋川市での実践者を招いての勉強会を開催しました。ここで重要だったのが、単にリエイブルメントサービスを実施するだけでは足りないことに気づけたことでした。

まず、「もとの生活を取り戻す」サービスの提供を効果的に行うために、アセスメントにセラピストを同行させるという変更が必要でした。その結果、利用者が最初に事業に触れる「窓口相談」の対応を大きく見直す必要があることに気づきました。

それまでの窓口対応としては、心身が虚弱になった高齢者本人やそ

の家族に対して、要介護認定を受けることによって得る「サービスを使う権利」について説明していました。これを「何に困っていて、何を解決させたいか」を聞き取る窓口対応に変え、窓口に相談に訪れた人には「今までどおりの生活や、やりたいことをあきらめないでください」と呼びかけるチラシをつくって事業の説明を行いました。さらに、サービスの利用については、アセスメントを通じた提案という形にしなければ、「もとの生活に戻るためのサービス」の提供につながらないと判断しました。

　サービス提供体制の強化に最も重要だったのが、地域包括支援センター職員のアセスメント能力の向上と、地域資源とニーズをマッチングさせる生活支援コーディネーターの育成でした。高齢者が自分らしい生活を継続するための生活支援体制の整備は、リエイブルメントサービスを導入する際の最大の課題と考えていました。

　この課題を解決する取り組みが防府市版の多職種合同ケアカンファレンス（幸せます会議）の開催であり、また、生活支援コーディネーターと一緒にケアマネジャーを支援する自立支援コーディネーターの設置でした。この2つの取り組みは専門職の規範的統合にもつながり、事業を進めるうえで大きな役割を果たしました。

幸せます会議の様子

4 テスト事業の実施

　テスト事業では参加者全員がセラピストの同行訪問アセスメントを受け、幸せます会議によってサービス後の生活の状況を専門職全員で共有したうえで、サービスを提供しました。

　リエイブルメントサービスのテストは、2019（令和元）年9月から3事業所において、24名を対象に実施しました。またそれに先立ち、7月から窓口での案内内容等の変更を行いました。

　テスト事業の参加を促すチラシには、サービスが目指すものとして、

- ・生活の不安を取り除きます
- ・サービス終了後もサービス期間中の心身の状況が継続できるようセルフマネジメントの方法をお伝えします
- ・地域にある資源を上手に利用するためのお手伝いをします

という3点を示しました。

　参加者は26名、うち2名がサービスの利用を中断したため、全12回のサービスをすべて利用した方は男性9名、女性15名の計24名と

セラピスト同行訪問アセスメント

テスト事業のチラシ

なりました。

　テスト終了後、18名が幸せます状態(本人・ケアマネ・事業所の三者で、通所または訪問サービスを利用せず、セルフマネジメントを継続しながら自分らしく生活していくことに合意した状態)となりました。

　サービス利用前後の測定によると、身体状況では18名が改善、心理状態でも16名が改善を示し、15名は活動範囲が拡大したと回答しました。特にTUGでは24名中23名が改善し、改善者は平均で20%改善しています。なお、2020（令和2）年10月時点で、サービス終了後に幸せます状態となった18名のうち、16名は幸せます状態を維持しています。

5 利用者の反応

　成果の出た利用者の感想はもちろん好評でした。それと同様に効果を感じたのは、地域住民の反応です。虚弱な高齢者が元気になる姿は当然、住民に安心感を与えましたし、こうした虚弱な高齢者にとっての通いの場や社会参加の重要性を理解してもらいやすくなったことは確かに得た感触でした。

　また、介護専門職の意識の変化も大きく表れてきました。訪問アセスメントを行って、幸せます状態であると合意し、サービスの利用につながらなかったことについて、
「いやー、よかった。この人がサービスを使わずに生活できて」
「これでまた自分のやりたいことができる生活に戻れるね」
と拍手をして喜ぶ主任ケアマネジャー、地域支援担当の姿が自然になってきました。同様に、生活支援コーディネーターの地域資源へのかかわり（資源の収集や開発）も加速しています。

　高齢者支援事業の中心にリエイブルメントサービスがあり、幸せます状態になる高齢者の存在を地域の医療・介護専門職が意識することで、防府市の自立支援に対する規範的統合は、自然に行われるようになりました。これはテストだけの成果ではなく、これから長く続く防

府市の高齢者福祉事業に大きな影響を与える「成果」になると考えています。

② 取り組みの現状

　本来は、2020（令和 2）年度からリエイブルメントサービスを中心としたサービス提供体制となる予定でしたが、新型コロナウイルス感染症の影響により、2021（令和 3）年 1 月からの本格開始となりました。このサービスは指定事業として行うことになりました。

　サービスは 1 回 2 〜 3 時間の通所プログラムが 12 回、訪問プログラムは通所とは別に 1 回可能となっています。また、幸せます状態となることが見込める場合に限り、最大 24 回までの延長が 1 回単位で可能となっています。

　提供するサービス内容はテスト事業と大きな変更はありませんが、「ポジティブフィードバックを行う面談」がキーワードになりつつある点と、本人のアセット（資源）に着目して事業を進めていこうという意識が高まっていると感じます。

　なお、虚弱な高齢者が生活の不安を訴え、窓口に相談に来てから、このサービスの終了までが、その後のサービス利用に向けたアセスメントと見立て、このサービスの利用者負担は無料としています。

　介護予防・生活支援サービス事業の他のサービスについては、従前の通所サービスを利用できる人を一定の心身状況の人に限定するなどの改正を加えています。

　また、幸せます状態となった人が就労的な社会参加ができる体制や、介護事業所や住民と連携して運営する通いの場の整備も行っています。

　さらに、幸せます状態であることに合意した際に、自分らしい生活を続けるためのさまざまな情報を記した介護予防手帳を作成し、その内容について月 1 回のモニタリングを実施することで、介護予防ケアマネジメント B を請求できることとしました。これにより、幸せま

す状態を目指すことについて、ケアマネジャー側にもインセンティブを感じられる仕組みになりました。

この取り組みの課題を挙げるとすれば、セラピストの派遣を事業として受託する医療機関等が少ないことによる人材の確保の問題です。これはセラピストに限らず全体的な課題でもありますが、この取り組みが地域に与える効果が伝われば、解決するはずだと考えています。

最後に1枚の写真を紹介します。

前列の3名はサービスの利用者で、11回目のサービス利用の帰りに、スタッフに対して歌のプレゼントをしたいとケアマネに相談し、各自で歌を練習しました。歌は「おもいでのアルバム」、途中で感謝の気持ちをセリフにして伝えようというアイディアでした。

サービス最終日、生活支援コーディネーターと自立支援コーディネーターの伴奏で歌のプレゼントは始まりました。利用者の後ろにはケアマネジャーが並び、背中を触ることで歌い出しやセリフのタイミングを支援します。そして利用者はスタッフに向かって「元気になりました」と大きな声で感謝の歌を歌います。本当に幸せな空間でした。

この写真は、防府市が目指す高齢者支援の形、専門職の関係性をよく表しています。こうした取り組みの積み重ねによって、地域全体がこの写真のような幸せな空間になることを目指して事業を進めていくことになるはずです。

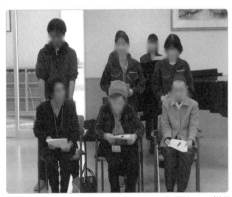

リエイブルメントサービステスト事業最終日の様子

● 監修者

　一般財団法人医療経済研究・社会保険福祉協会

● 編著者

辻　哲夫

　1971（昭和46）年厚生省（当時）入省。老人福祉課長、国民健康保険課長、大臣官房審議官（医療保険、健康政策担当）、保険局長、厚生労働事務次官などを経て、2009（平成21）年東京大学高齢社会総合研究機構教授に就任。特任教授を経て現在は、同機構客員研究員ほか、医療経済研究・社会保険福祉協会理事長、健康生きがい開発財団理事長など。専門分野は社会保障政策／高齢者ケア政策。編著書として『日本の医療制度改革がめざすもの』（時事通信社）、『地域包括ケアのすすめ』（東大出版会）、『超高齢社会日本のシナリオ』（時評社）、『地域包括ケアのまちづくり』（東大出版会）」など。

飯島勝矢

　1990（平成2）年東京慈恵会医科大学卒業、千葉大学医学部附属病院循環器内科入局、東京大学大学院医学系研究科加齢医学講座助手、同講師、米国スタンフォード大学医学部研究員、2016（平成28）年東京大学高齢社会総合研究機構教授を経て、2020（令和2）年東京大学高齢社会総合研究機構機構長・未来ビジョン研究センター教授。内閣府・一億総活躍国民会議有識者民間議員、厚生労働省・高齢者の保健事業と介護予防の一体的な実施に関する有識者会議構成員、日本学術会議臨床医学委員会老化分科会メンバー。専門は老年医学、総合老年学（ジェロントロジー）。

　近著として『在宅時代の落とし穴　今日からできるフレイル対策』（KADOKAWA）、『健康長寿　鍵は“フレイル”予防 〜自分でできる3つのツボ〜』（クリエイツかもがわ）、『東大が調べてわかった衰えない人の生活習慣』（KADOKAWA）など。

服部真治

　千葉大学大学院医学薬学府博士課程修了（博士：医学）。

　1996（平成8）年4月、八王子市役所に入庁し、介護保険課主査や高齢者いきいき課課長補佐などを歴任。2014（平成26）年4月から2年間、厚生労働省老健局総務課・介護保険計画課・振興課併任課長補佐として、総合事業のガイドラインの作成などを担当した。

　2016（平成28）年4月、一般財団法人医療経済研究・社会保険福祉協会に入職。現在、業務推進部特命担当を務めるほか、同法人医療経済研究機構研究部主席研究員、研究総務部次長を兼務。そのほか、さわやか福祉財団エグゼクティブアドバイザー、東京都健康長寿医療センター非常勤研究員、日本老年学的評価研究機構（JAGES）理事、放送大学客員教授なども務めている。

● 執筆者 (以下、執筆順)

辻　哲夫 (前出)
　　「はじめに」にかえて

飯島勝矢 (前出)
　　第1章第1節、第2章第2節・第3節

田中友規 (東京大学高齢社会総合研究機構特任研究員)
　　第1章第2節❶・❷

神谷哲朗 (東京大学高齢社会総合研究機構学術支援専門職員)
　　第1章第2節❸、第2章第4節・第5節

孫　輔卿 (東京大学未来ビジョン研究センター・高齢社会総合研究機構特任講師)
　　第1章第3節、第2章第6節

服部真治 (前出)
　　第1章第4節、第2章第1節、第3章事例9
　　Column (JAGESの基礎研究をもとに執筆)

池田一智 (文京区福祉部高齢福祉課社会参画支援係係長)
井上アヤ乃 (東京都文京区福祉部高齢福祉課社会参画支援係主任)
浦田　愛 (文京区社会福祉協議会地域福祉推進係係長)
　　第3章事例1

井本俊之 (飯塚病院リハビリテーション部) (フレイルトレーナー)
瀬尾善忠 (福岡県飯塚市市民協働部健幸・スポーツ課課長)
　　第3章事例2

田村隆明 (和歌山県紀の川市福祉部高齢介護課副主任)
　　第3章事例3

小松仁視 (高知県中央西福祉保健所地域包括ケア推進企画監)
片岡信博 (高知県仁淀川町保健福祉課課長補佐)
　　第3章事例4

土井田靖浩 (岐阜県安八郡広域連合業務係課長補佐)
田中恵子 (神戸町地域包括支援センター主任保健師)
戸田優子 (輪之内町地域包括支援センター主任保健師)
西脇雅子 (安八町福祉課係長 (保健師))
　　第3章事例5

中沢　豊 (千葉県松戸市福祉長寿部参事監)
　　第3章事例6

瀬戸健太 (大阪府寝屋川市福祉部高齢介護室係長)
　　第3章事例7

松本小牧 (愛知県豊明市健康福祉部健康長寿課課長補佐)
　　第3章事例8

地域で取り組む
高齢者のフレイル予防

2021 年 4 月 25 日　発行
2022 年 3 月 15 日　第 2 刷発行

監　修	一般財団法人　医療経済研究・社会保険福祉協会
編　著	辻哲夫・飯島勝矢・服部真治
発行者	荘村明彦
発行所	中央法規出版株式会社
	〒110-0016　東京都台東区台東 3-29-1　中央法規ビル
	TEL　03-6387-3196
	https://www.chuohoki.co.jp/
デザイン・DTP 印刷・製本	株式会社ジャパンマテリアル